生活リハビリの基本

私はよく介護職に「生活リハビリの達人になろう」と呼びかけます。生活リハビリの達人こそ、介護の専門性をもつプロの介護職だと思うからです。ここでは、生活リハビリとは何かについて紹介します。

一般的な理学療法士から、生活リハビリの理学療法士へ

私が、ごく一般的な理学療法士から、「生活リハビリを実践する介護現場の理学療法士」になって、かれこれ20年以上経ちます。病院に勤務していた頃の私は、整形外科リハビリを経て訪問リハビリの部署に配属されました。在宅の患者さんを担当しては、身体機能の面ばかりをみて、「筋力をアップしよう」とか、「関節を柔らかくしよう」とか、病院訓練室の出前リハビリのようなことをやっていました。

正直に言うと、その頃の私は自分自身を「専門職だ」と思っていましたし、一方で介護職のことを、どこか「素人」のように感じていた部分がありました。今から思えば､その原因は「介護は家族（素人）でもできることだから」と考えていたことにありました。

ところが、生活リハビリの実践者と出会い、その考えは大きく覆されました。プロが行う生活リハビリの視点に立った介護には、深い専門性があったのです。その深い専門性をもって介護をすれば、寝たきりで生きる希望を失っていた高齢者が、生きる希望を取り戻し、主体的に生活を送ることができるようになるのです。

生活リハビリ介護の基本

では、生活リハビリとはどのような介護技術なのでしょうか。そのポイントをみていきます。

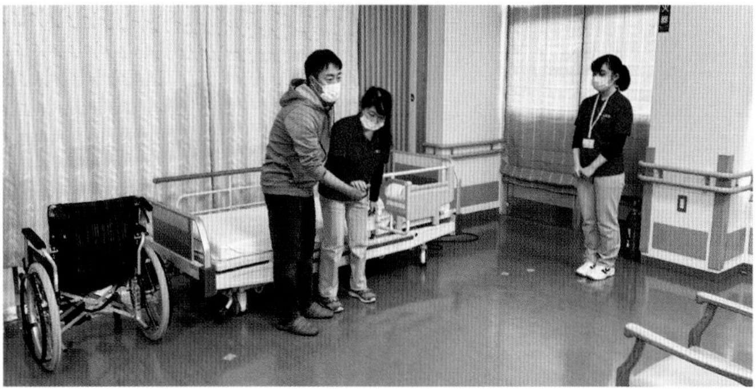

生活リハビリを伝え合う

① 食事・入浴・排泄で元気に

介護では、食事・入浴・排泄の介助を、「3大介護」と呼びます。3大介護は人が生活するにあたっての基本中の基本です。この3大介護を丁寧に行うことで元気を取り戻す高齢者を、私はたくさん見てきました。

家族による介護では、3大介護を毎日丁寧に行うことは難しいでしょう。家族は介護を専門的に勉強し、仕事としてお金をいただいているプロではありません。家族自身にも自分の生活や仕事がありますし、老老介護であれば体力、筋力、気力などの限界があるでしょう。かつて元気だった頃の姿を知っている家族は、要介護になった本人の姿に心を痛め、認めたくない気持ちも働くかもしれません。そうしたさまざまな要因で、寝たままの食事や寝たままで排泄をさせたり、逆に本人ができることもすべて介助してしまうことも多くあるでしょう。

生活リハビリではまず、その人がもっている機能（力）をアセスメントし、その人にふさわしい生活動作を行える環境設定をします。それによって、主体的に生活を送ることができるようになります。この日々当たり前に繰り返される生活動作こそが、本人にとって何よりのリハビリになり、生きる力を取り戻すきっかけになるのです。

生活リハビリとは「生きる力を取り戻すための知識と技術」なのです。これは、本書で介護職がぜひ身につけていただきたい専門性です。

② 介護職は最初のお薬

メディシン（medicine）は薬物という意味の英語ですが、私はこれに「目」と「手」と「心」という字を当てて「目《メ》手《デ》心《シン》」と、呼んでいます。なぜなら、介護現場の最初の「おクスリ」は、一番長い時間を一緒に過ごす介護職の目と手と心だからです。

目：本人ができる動作を見極める目

手：本人が自分でできるよう環境を整えたり、介助する手

心：「自分でやろう！」という気持ちを引き出したり、支える心

これらをもっている人を私は「生活リハビリの達人」と呼んでいます。さあ、あなたも生活リハビリの達人、「リハ★タツ」になりましょう。

メディシン仙人

生活リハビリを職場で伝えるには

職場で介護方針をすり合わせるには

生活リハビリの考え方が伝わっていない介護現場にアイデアを提案したとき、意見が対立することがあります。そんなときに、意見をすり合わせることができず、正義感だけで「生活リハビリだけが正しい！」「あなたたちの介護は間違っている！」とばかりに自分のケアを推し進めてしまう人がいます。

しかし、これでは生活リハビリを職場に理解してもらうことは難

しいでしょう。施設での介護は１人ではできません。チームで行います。ですから、現場に受け入れてもらえないまま職員が孤軍奮闘して生活リハビリを行うことは利用者のためになりません。きちんと現場で「生活リハビリを行おう」と方針を定めて、われわれはこのために介護をするのだ、ということをみんなで確認し合うことが大切です。

私がオススメする「介護現場の羅針盤」は、高口光子さんが提唱するケアの３原則です

【ケアの３原則】

- 寝たきりにしない・させない
- 主体性のある生活
- その人の生活習慣を大切にする

▶解説YouTube

これは多くの人が納得する羅針盤ではないかと私は思います。介護をしている人で「利用者を寝たきりにさせよう！」「利用者の主体性を奪おう！」「その人の生活習慣なんて知ったこっちゃない！」という人はまずいないでしょう。

生活リハビリという言葉ではなく、中身を伝える

コツは、生活リハビリという言葉をいきなり推すのではなく、介護の内容を提案することです。たとえば「寝たきりにしないためにどうすればいいか？」をみんなで考える機会をもってみるのはどうでしょう？「起きてみようかという環境をつくることから始めようよ」「そうだ、Ａさんには畑の見守り当番をしてもらおうよ」……いろんなアイデアが出てくるでしょう。

具体的な関わりを提案することが受け入れられたところで、「ケアの３原則」を施設の目につくところに貼っておき、職場内で利用者のケアの方針に迷ったときは、ミーティングでこの３つに照らし合わせて、どうしていくかを決めることをオススメします。

よいケアを広げたい？
生活リハビリの達人「リハ★タツ」が鍵です！

セミナーに参加すると「よかった～」「えぇ話聞いたわ～」と明日の力をもらうことができますね。また「自分の思っていたことは間違いじゃなかった」と自信が出てくることもあるでしょう。しかし、熱い気持ちがムクムクと湧いてきたのは錯覚か、職場に戻るとあの気持ちはどこへやら。いつしかシュン太郎になってしまうこともよくあることです。

「9:1の法則」というのがあります。セミナーを10人が受ければ、9人は学んだことはすぐ忘れて何も変わらない日常を過ごすというものです。セミナーで聞いた話から現実を変える行動を起こすことができるのは、わずか10人中1人なのです！

私は、生活リハビリの研修を受けた人、この本を読んだ人全員に、この現実を変える1人になってほしいと切に願っています。「セミナーの私はセミナーの私、職場の私は職場の私」と、二重人格者のようになってしまうのではもったいないですよね。

セミナーは職場から1人で受講することが多いようですが、1人参加では共有する人がいないので、そのとき思ったアレコレも行き場がなくなって消えてしまいます。

「あの話、応用できると思ったんだ」

「あのエピソード、うちでもあったよね」

と共有できる仲間が同じ職場にいたら、少しずつ形になっていきます。まずは、自分がリハ★タツになり、少しずつでも近くの仲間にリハ★タツになる人を増やしていきましょう。

CONTENTS

C O N T E N T S

この本は私の YouTube チャンネル「がんばらないリハビリ介護」と連動しています。各 QR コードにスマホカメラをかざすと対応する動画をみていただけます。本書で紹介した以外にも私の YouTube 動画はなんと 300 本以上あります（よくもそんなにしゃべったな〜）。

でも生活リハビリはそれだけ奥が深いんです。なぜなら生活リハビリは「生きる力を取り戻す知識と技術」。テーマは医療・介護に留まらず、多岐にわたります。この動画をヒントに、あなたも利用者を元気にするタネを見つけてくださいね！

あ、チャンネル登録もよろしく！

Chapter1

生活リハビリを学ぶ・伝える

しくみ

起き上がりは、寝たきりになってしまうかどうかが分かれる大切な動作です。臥位から起き上がるまでの一連の動きのしくみを知っておきましょう。

memo

筋力がある人の起き上がり

筋力がある人が床から起き上がるときは腹筋、または足の反動を使っています。足を天井に向けて跳ね上げて、「エイ」と振り下ろす、その反動で上体を起こしています。

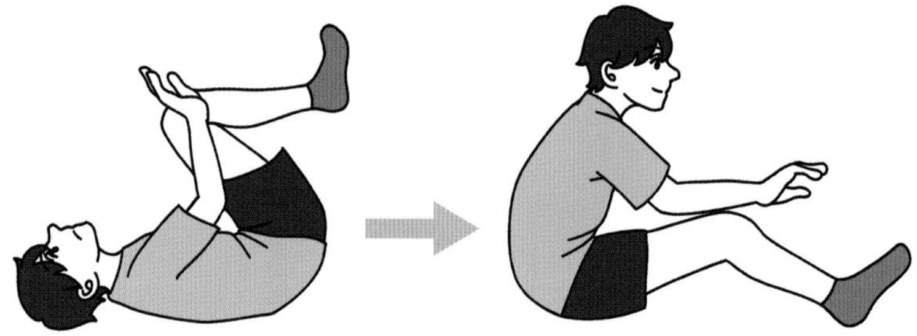

筋力がない人の起き上がり

しかし、筋力がない高齢者でこのような起き方ができる人は少ないでしょう。高齢者が起き上がる際は、弱くなった腹筋や腕の力を駆使して上体を起こす生理的な動きができるように配慮する必要があります。

臥位から端座位になるまでの一連の動きを次ページで紹介します。

この一連の動作のどこができるか、どこができないかを見極めて介助できると、本人の力を大切にした介助になるでしょう。また、これらの動作を起床時に行えば、日課として力を大切にした介護ができます。

生理的な起き上がり動作

▶解説YouTube

1 腕の力を使いやすくするため、身体をベッド柵から遠ざける

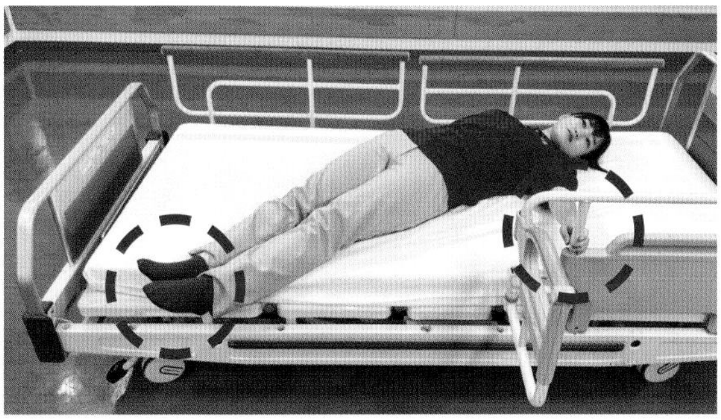

ベッド柵に腕を突っ張ることで頭がベッド柵から離れます。足はベッド端に移動させます。

2 ベッド柵を持って、肘を立てて上体を少し起こす

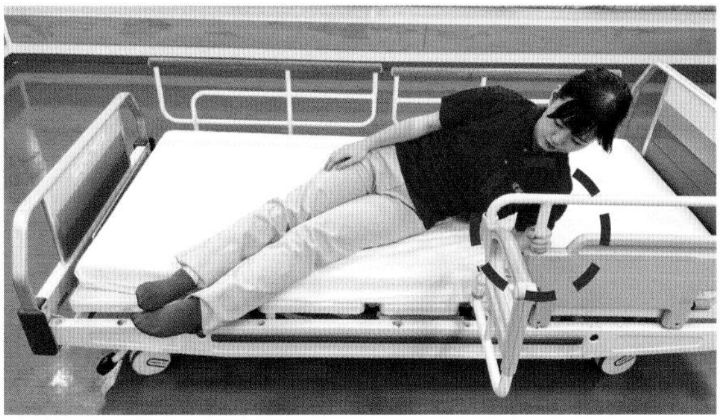

肘を支点にして身体を起こします。腕に力を入れることで身体が起き上がります（リバースアクション）。手を柵から離してベッドに手を置いて身体を起こしていきます。

3 足をベッドの端に垂らし、足の重みを助けに身体を起こし端座位になる

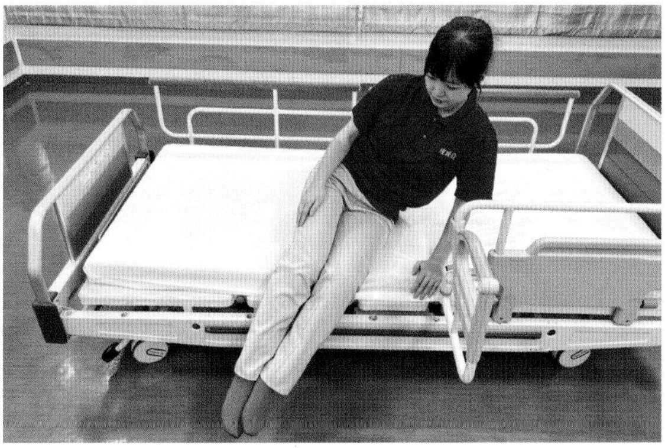

足をベッドの端に移動しておくことで、重りになります。この重りの力も使いながら身体を起こして、ベッド端座位になります。

アセスメント

できることがあるのに全介助してしまっている光景をよく目にします。本人のできることをまずアセスメントで把握して、介助を決めていきましょう。

本人が力を発揮できるサポートを

memo

朝、目覚めて、起き上がる。この生活上の基本ができているでしょうか？　多くの介護現場ではこの動作を介助者が必要以上に手伝っているように思います。

脳血管障害で片マヒであっても起き上がることができる人がいるように、その人の身体機能に合った動作を伝えることで、多くの人がベッドから起き上がることができます。

職員のペースで、利用者の腕を引っ張って起こす介助は、人の生理的な動作に沿っていません。電動ベッドを使って起こしている場合は、身体を起こす大切な動作を電動ベッドまかせにしていることになります。利用者本人は、自分の力を使わないで起き上がることで、今ある力をますます失う可能性があるばかりか、腕を引っ張られることで肩を脱臼したり、関節を痛めてしまうリスクもあります。介助する職員にも腰痛のリスクがあります。

少しでも動ける利用者には、自分の力で起き上がり動作ができるよう、練習してもらいましょう。四肢の力をしっかり使う動作を伝えることで、「起き上がる」という大切な生活行為を維持できる人はたくさんいます。

ベッドから起き上がるのは意外と小さなチカラでできます。ベッド柵を握ったり足の位置を移動させたりなど。その小さな力を見極め、引き出せるかどうかが分かれ道です。

アセスメントをしてみよう

起き上がりができるかどうか、利用者の身体の動きをアセスメントしましょう。

01 挨拶をしましょう

返事をしてもらうことで、

①聞こえているか（聴覚）

②相手の名前を覚えているか（記銘力）

③年末など時事的な会話ができるか（見当識）

などの程度をさり気なく確認できます。

02　握手をしましょう

memo

「よろしくおねがいします」と手を差し出し、ギュッと握ってもらいましょう。

中空にある相手の手に自分の手を伸ばす動作ができるかどうかで、距離感の認識の有無、握力の有無などが確認できます。

握力があれば、ベッド柵を握ってもらいましょう。肘を支点にした起き上がり動作ができるはずです。足をベッドの端に下ろすことで端座位になることが可能かもしれません。もちろん必要な部分は介助します。

03　体幹の力を評価しよう

まずは、本人の力を見極めましょう。体幹の力の評価は、簡単です。「自分のおへそをのぞいてみてください」とお願いします。寝た状態のまま頭が上がれば、その人の腹直筋の力はしっかり残っています。

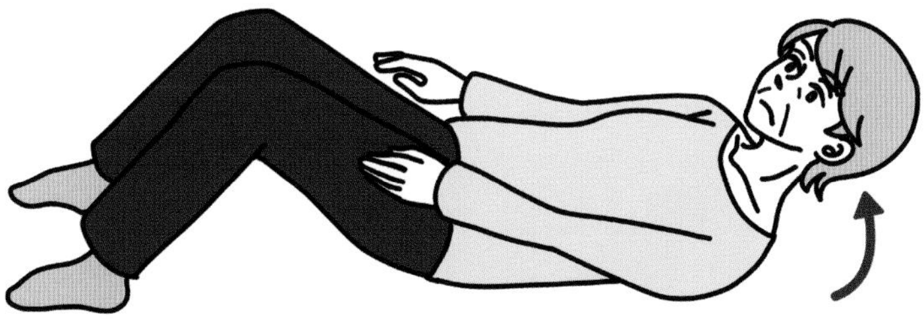

頭を上げておへそをのぞき込むことができれば
腹筋の力は十分残っている

リハ★タツポイント①　起き上がるときの曲線を意識しよう

若い人であれば、頭が直線のラインを描く起き上がりができますが（10 ページ参照）、力が弱くなると頭は 11 ページのように遠回りの曲線を描くようになります。

直線のラインを描く介助ではなくお年寄りの生理的な動作に沿った曲線を描くように介助してみましょう。そうすることで、本人がもつ力を最大限発揮することができます。

コツは、「メッセージを伝える介助」です。本人の動きやすい動作を介助しつつ「こうやって動いてみてください」とメッセージを伝えるのです。そうすることで、「ほんとだ！　動きやすい～」と実感してもらうことができます。

できることがあるのに全介助してしまっている光景をよく目にします。本人のできることを、まずアセスメントで把握して、介助を決めていきましょう。

「起き上がる」を介助する

起き上がる介助の基本的な流れを紹介します。この流れに沿って、利用者の力の足りない部分を介助するようにしましょう。
基本的な流れは、YouTube で確認することができます。

▶解説YouTube

memo

1 ベッド柵をつかむ

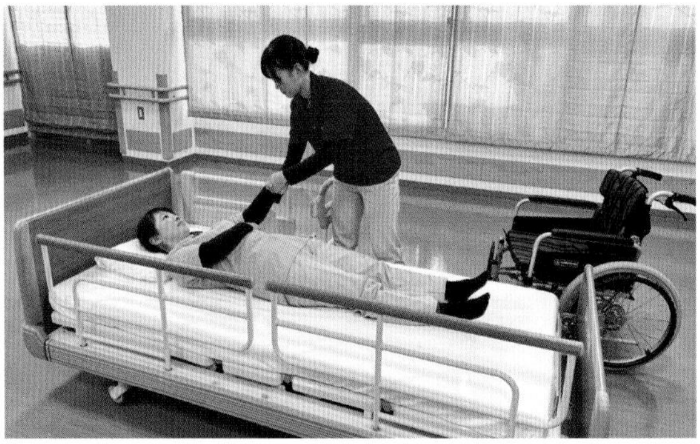

握手を交わします。握手で覚醒状態、握力、体温などその日の体調を確認します。そしてその手を外側に持っていき、ベッド柵を握ってもらいます。

2 ベッド柵を押す・足を垂らす

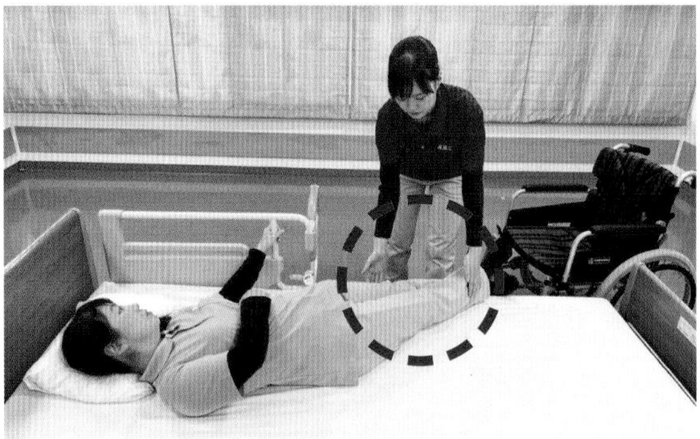

ベッド柵を押し、腕を伸ばしてもらいます。
足をベッド端に移動します。
1人でできない人は介助します。

3 肘を立ててもらう・起き上がる

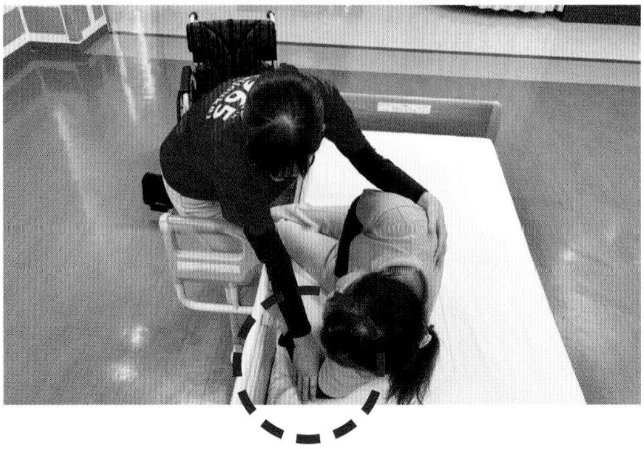

肘を立てやすいように、介助者は利用者の前腕を上から押さえます。

4 身体を起こす

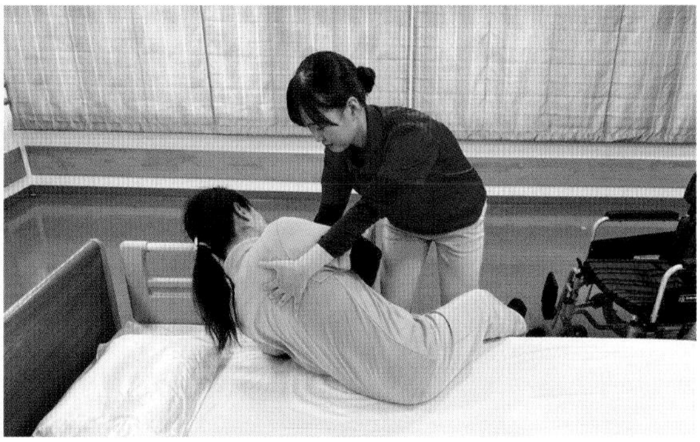

足を重りにして身体を起こしていきます。
一人でできない部分は介助します。

5 座位姿勢になる

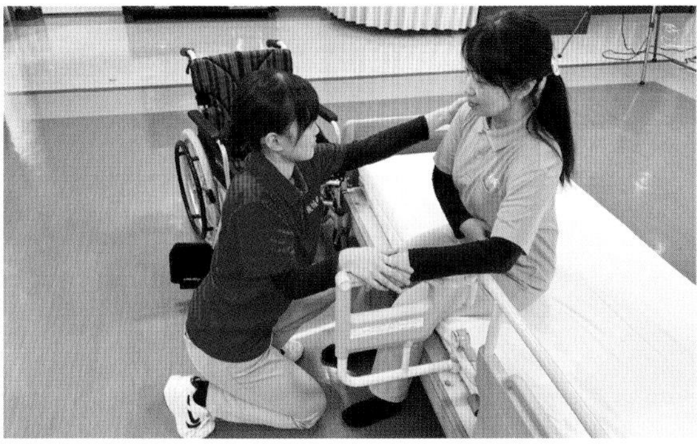

ベッド柵を持ち、足を床につけて座位姿勢になります。

リハ★タツ ポイント②

朝は寝起きでぼーっとしているもの。起きようという気にならない人もいます。まず覚醒を促す声かけ、握手や肩などにふれてタッチコミュニケーションを行いましょう。また、カーテンを開けて朝の光が目に入るように配慮します。

一連の動作は前の動作が次の動作の準備動作になっているように心がけるのがコツです。ベッド柵をつかんで押すのは、ベッド柵と頭の距離ができることで頭を起こしてもベッド柵に当たらないようにする準備です。また足をベッド柵から下ろすのも、上体を起こすときに足が重りになるようにする準備です。

こういった準備動作は、本人は最初、理解できないかもしれません。自分にとって起きやすい動作だと身体が理解できれば、自然と自分からそういった準備動作ができるようになります。

運動学的に理に適った動作は、自然と自分で行えるようになりやすいため、介助者の介助量が減っていきます。介助者は自分の手伝う場面が減っていくように伝達していくのがコツです。

座る

しくみ

介護施設では、座位で一日の大半を過ごす人が少なくありません。座る姿勢の良し悪しが活動的に過ごせるかどうかに大きく影響します。座位のチェックポイントを理解しましょう。

▶解説YouTube

正しい座位のポイント

memo

最初は安定した座位だったのに、どんどん崩れてしまう利用者がいませんか。姿勢が崩れてしまう前の段階でいろいろな配慮ができます。介護の出番です。まずは正しい座位とは何かを学びましょう。

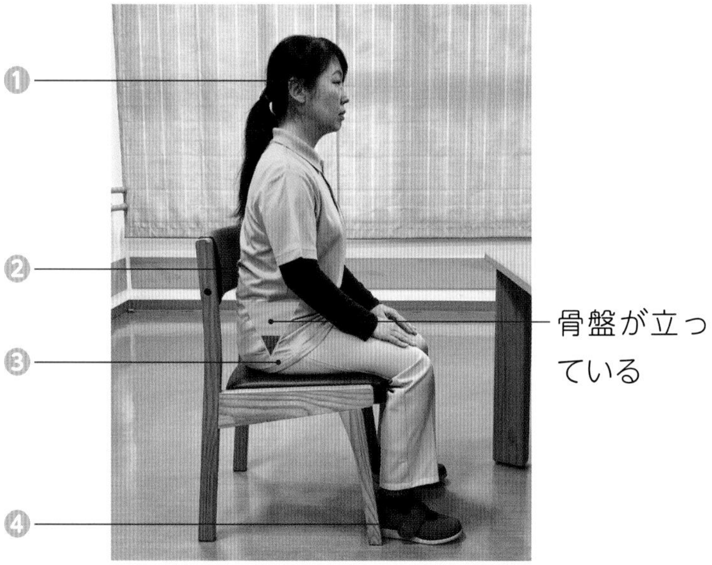

① 顔が上がり、視野が広い
② 背もたれから背中が離れている
③ お尻が座面の奥に位置し、骨盤が立っている
④ 椅子の高さが身体に合っていて、しっかり床に足がついている

アセスメント

座位姿勢を観察します。いつもどおり座ってもらって、ある程度時間が経過したときの姿勢をみてみましょう。身体が崩れている場合は骨盤の向きにも着目します。

動作の出にくい座り方

もたれた姿勢では動作が出にくくなります（自分でもやってみてください）。これはリラックスするにはよいのですが、食事や作業をするには適していません。活動しやすい姿勢を考えましょう。

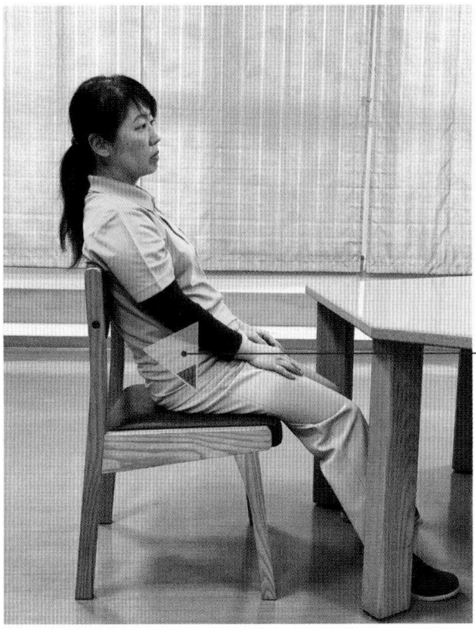

骨盤が後傾している

ズルズルとお尻が前に滑って、背もたれに背中を預けた状態になっています。この姿勢を「仙骨座り」といいます。「ずっこけ座り」「すべり座り」などと呼ぶこともあります。

仙骨座りは体幹の力を使っていないため、身体を動かしづらい姿勢です。食事動作が止まってしまう原因にもなります。

memo

動作の出やすい座り方

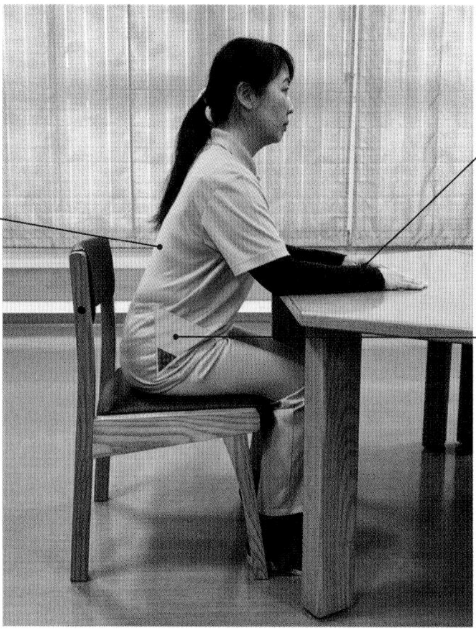

背中が背もたれから離れているこの姿勢を「坐骨座り」といいます。坐骨はお尻の下に２つあり、この坐骨が分散して体重を受けるので、長時間座っていても褥瘡ができにくいのです。さらに、身体を前傾させることが容易になるので、体幹筋が活性化して手や腕の動作が安定します。生活動作時に目指すのはこの座り方です。

リハ★タツポイント③

仙骨座り・坐骨座りを知った介護職は、「仙骨座りは悪い座り方なので撲滅しよう！」と思いがち。

しかしそれは間違いです。

自分自身のことを考えてみてください。長い会議のときお尻を前に滑らした仙骨座りをしているはずです。一方、会議が終わってスイーツがテーブルに並んだらどうでしょう。ちゃっかり背もたれから背中の離れた坐骨座りの活発な姿勢になっているはずです。

このように「おっ！」と思わず前のめりになるような出来事をその人の好みに合わせて演出することができるかどうかが「介護職の腕」なのです。

「座る」を介助する

日常生活のほとんどは座位が安定すると実現可能です。利用者が歩けなくても立てなくても、座位を大切にしてください。これをTHE（座）介護と呼びます。

仙骨座りを直す

ズルズルと前に滑った利用者のお尻を引っ張り上げることで姿勢を整えようとするのは、人の生理的な動作に沿った介助法ではありません。この方法では自分で整える動作につながらず、利用者の力だけでなく意欲までも奪ってしまいます。ここでは、自分でもやっていただきやすい座り直しの方法を確認しましょう。

1 前腕をテーブルに置く

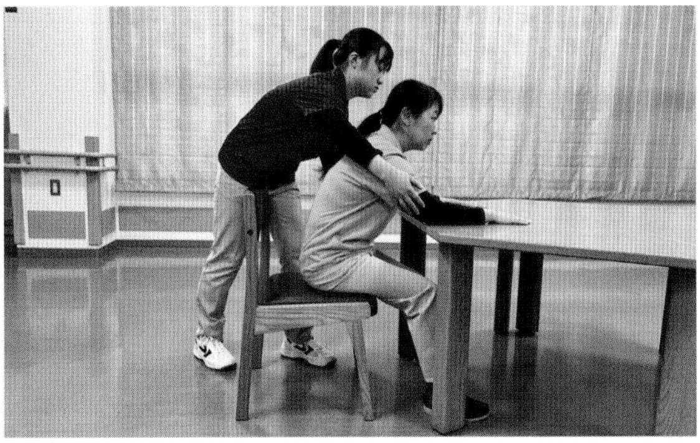

肘から先、手のひらまでを前腕と呼びます。
この前腕をまずしっかりテーブルに置いてもらいます。

2 足を引く

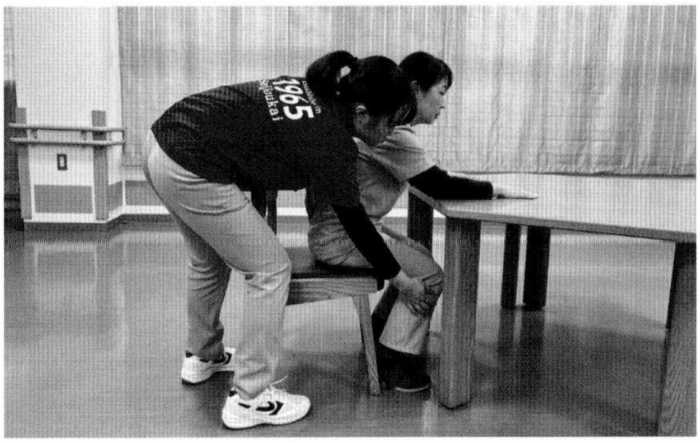

立ち上がりの準備動作として足をしっかり引いた姿勢をつくります。
一人で難しい場合は介助します。

memo

3 お尻を上げる

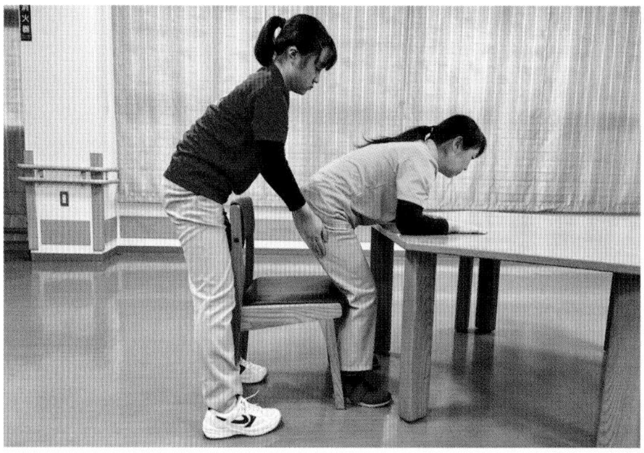

立ち上がり動作を促し、お尻を上げてもらいます。お尻が上がれば座り直しができるため、完全に立ち上がれなくてもかまいません。

4 お尻を椅子の奥に移動

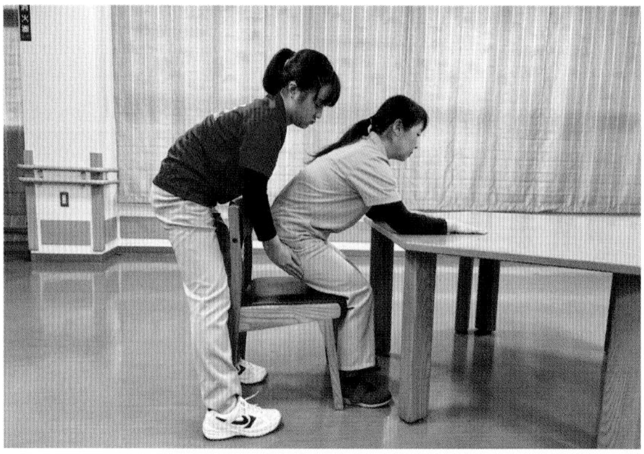

立ち上がってお尻が浮いた状態でお尻を後方（椅子の奥）に移動します。
一人で難しい場合は、介助者が利用者の大転子または坐骨結節をもって介助します。

5 座り直し完了

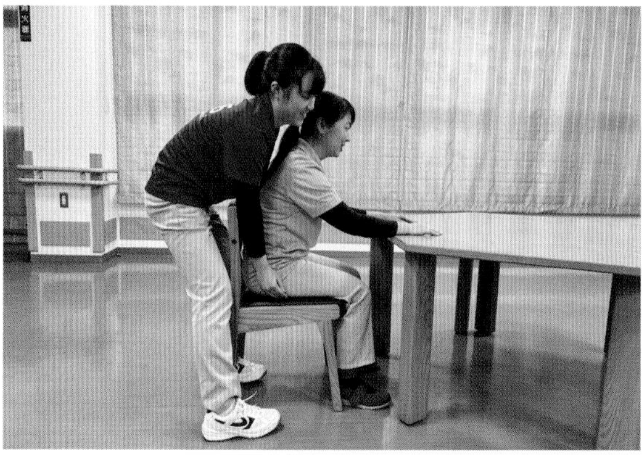

しっかり椅子の奥まで座り直したことを確認します。
椅子がテーブルから離れている場合は椅子をテーブルに近づけ、前かがみの座位姿勢を安定させましょう。

生活の中で姿勢を整える

あなたが関わっている利用者を思い浮かべてみてください。食事動作、書字動作、作品づくりの作業などに夢中になっている人は、たいてい坐骨座りになっていませんか。生活の中で姿勢を整えることで、坐骨座りが実現でき、利用者の元気を維持することができます。自然に「坐骨座り」になってもらえる「ふだんの生活」を工夫していきましょう。

01 クッションや背もたれのサポートなどを工夫する

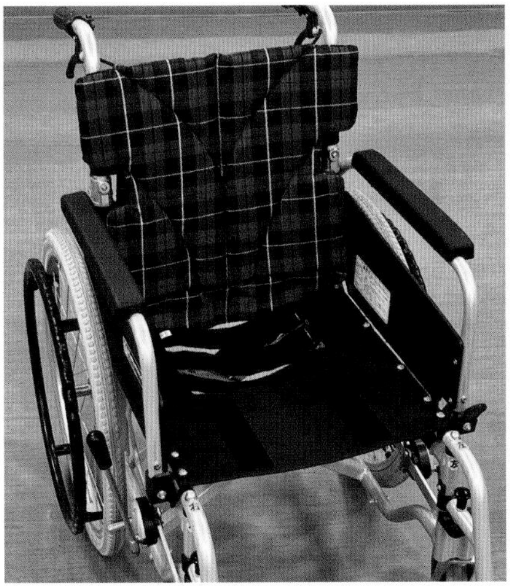

▶解説YouTube

●クッションの工夫：坐骨部分が少し凹んだクッションを敷きます。骨盤が前に滑ることを防ぎます（写真は座面が調節できるタイプの車いす）。

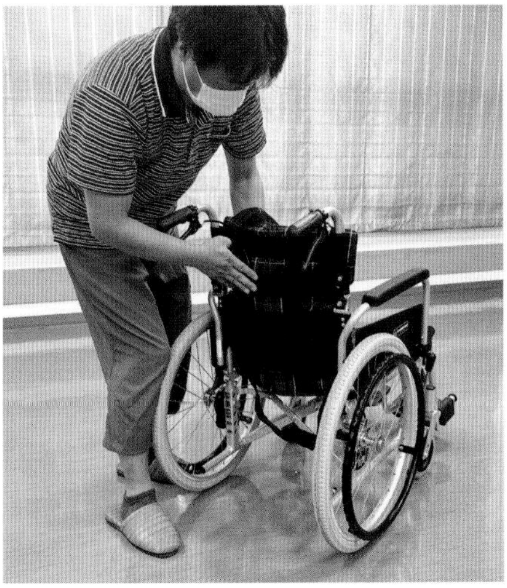

●バックサポートの工夫：座面や背もたれに調整機能がある場合は、姿勢が崩れにくいように調整します。左右のどちらかに身体が崩れてしまうときは、クッションをはさみます。

02 好きなものを用意すると自然に坐骨座りに

現場ならではの工夫で、その人の好きなものを用意して坐骨座りを引き出している例を紹介します。その人がどんなときに身を乗り出すかを知っている人は生活リハビリの達人です！

◆ 大相撲中継

ひいきの力士を応援して、つい前かがみに！

◆ 気の合う人（職員）との会話

「そうそう！！」と話が盛り上がって前かがみに

◆ 好きなメニュー

朝ごはんのおかずは好物の鮭。「やった～」と思わず前がかみ

memo

◆ 趣味のあみものに没頭

孫へのプレゼント。編み目を
数えるのもまた楽し

◆ エッチな本…

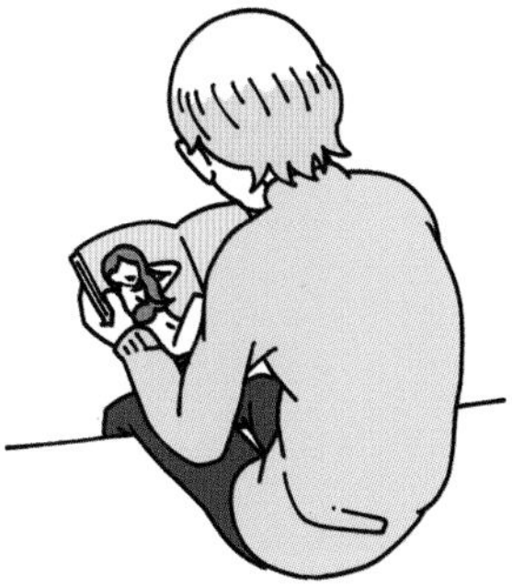

ページを隠して前かがみ…！

コラム

【認知症コラム①】
認知症ケアの基本は食事・入浴・排泄のケア

食事・入浴・排泄といった日常生活動作をその人らしく行うことは、認知症ケアにとって基本のキだと思います。

認知症の人の「問題行動」の多くが、排泄がらみであることはみなさんも経験があるかと思います。そうすると「問題行動」と言っていたわれわれ専門職のほうが、排泄ケアをうまくしていなかったという「問題介護」であったのかもしれません。

パンツにウンコを漏らした状態で「お風呂に行こう」と誘われると、やはり行きたくないものです。断ったら「入浴拒否」と言われ、強く抵抗したら「乱暴行為」などと記録に書かれる。これでは、利用者もたまったものではありません。

その人がしっかり排泄できるのは、生きている証。

気持ちよい排泄、ウンコが出たら喜びあえる関係づくり。

本書で紹介している生活リハビリには、食事・入浴・排泄をその人らしく気持ちよく行うための知識と技術が満載です。

認知症ケアには、生活リハビリが役立ちます。

ヒトが毎日必ず行う食事・入浴・排泄の心地よさ、それを喜び合える関係づくりからぜひスタートしてみてください。

しくみ

立ち上がりは転倒の危険性が高い、難しい生活動作の一つです。また、介護職の腰痛の原因になりやすい介助でもあります。腰痛は利用者がもつ力を知り、利用者を抱きかかえる介助をやめていくことで予防できます。

memo

立ち上がりの3条件

「立ち上がりのしくみ」を理解して介助をすれば、より安全に、より簡単に立ち上がることができます。ポイントは、「立ち上がりの３条件」を意識して、利用者が力を発揮できるようにすることです。利用者の力を活かし、介護職自身の身体も守る介護を身につけましょう。

立ち上がりの３条件

1. 前かがみになる
2. 足を引く
3. 適した椅子の高さ

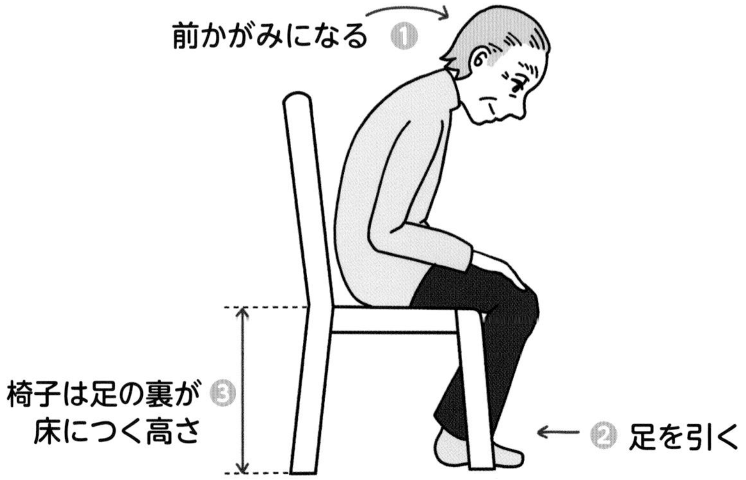

アセスメント

立ち上がりには3条件が必要ですが、そもそもその3条件を満たすことができるかどうかのアセスメントが必要です。

チェックしてみよう

01 膝が90度以上曲がるか

座っている状態で足を引く動作をしてもらいましょう。このとき、膝が 90 度以上曲がれば、立ち上がり動作の可動域としては十分と考えられます。

02 座っている状態で股関節を曲げる

２つの方法があります。１つ目は、椅子に座った状態で足踏みをするように足を高く上げる方法。もう１つは、座った状態でお辞儀をするように頭と上体を下げていく方法です。このとき、股関節が 90 度以上曲がれば立ち上がり動作の可動域としては十分と考えられます。

03 抵抗に負けずに膝を伸ばす

足首の辺りを職員が押さえ「負けないように蹴ってみてください」と声をかけます。このとき、職員の腕の力を跳ね返すように蹴り、膝が伸ばせる人は立ち上がるための筋力が十分あると考えられます。

「立ち上がる」を介助する

忙しい介護現場は「待つ」ことが苦手です。利用者のゆっくり始まる動きを待てなくて、つい過剰な介護をしてしまいがちです。立ち上がりを介助する際は、「待つ介護」と「つかまない介護」を心がけましょう。

memo

フィンガーサポートは危険

ズボンをつかんで引っ張り上げる介助をフィンガーサポートといいます。フィンガーサポートでは､介助側のタイミングが優先され、利用者は自分の準備ができていないのに、無理やり立たされてしまいがちです。ズボンを引っ張ってお尻を回す介助をすると、足がねじれて、らせん骨折※を起こすことがあるので、要注意です。

※らせん骨折：足のすねの骨にねじれる力が加わることが原因で起こる骨折。職員のペースで利用者を動かすことで思わぬ力が加わって起こることが多い骨折

▶解説YouTube

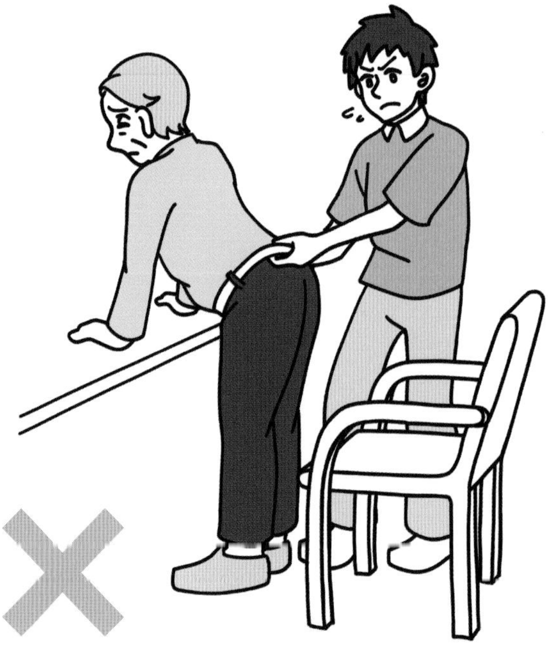

ズボンを引っ張る介助（フィンガーサポート）

基本はパームサポート

立ち上がり介助の基本は「握らない」「引っ張らない」パームサポートです。パームとは手のひらのこと。手のひらを利用者のお尻の大転子にあてて、利用者の自発的な動きに合わせて介助するのが基本です。

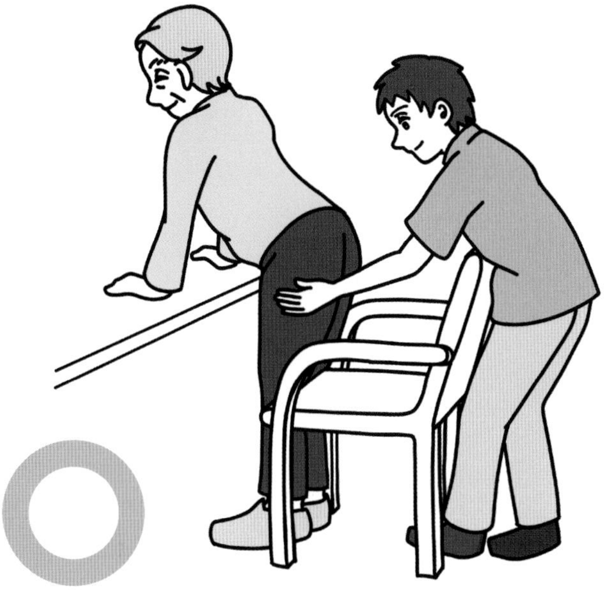

坐骨結節や大転子を支える介助（パームサポート）

リハ★タツ ポイント④

介護施設や病院には手すりがあちこちに設置されていますが、本来われわれはどうやって立ち上がっているでしょうか？実はテーブルなどに手を置いて立ち上がっています。この場合「引く」のではなく、「押す」動作を多用しているのです。

前に安定した台がある状態で、立ち上がりの３条件を整えてみましょう。環境設定と動作の繰り返しが、手すりがなくても立ち上がれる機能を取り戻すことにつながるでしょう。

パームサポートを覚えよう

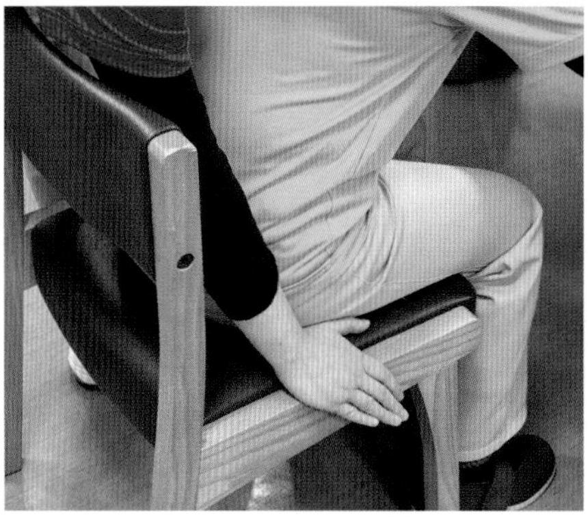

1 ズボンではなく相手のお尻に手を添えます。このとき手の甲が上になっているのがポイントです。

memo

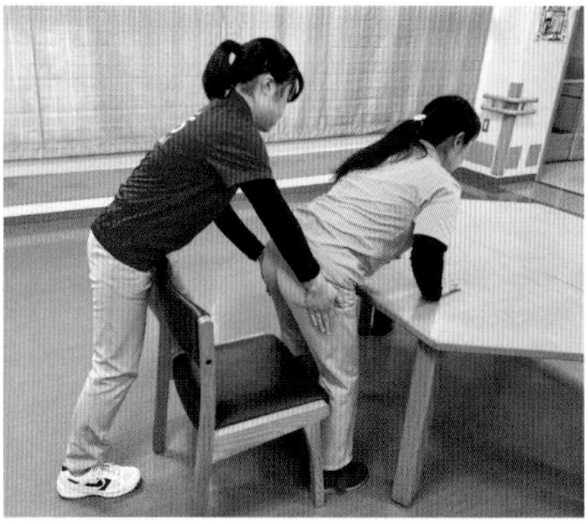

2 立ち上がろうとお尻が浮いた瞬間に手のひらを返します。こうすると大転子をしっかり両手で支えることができます。

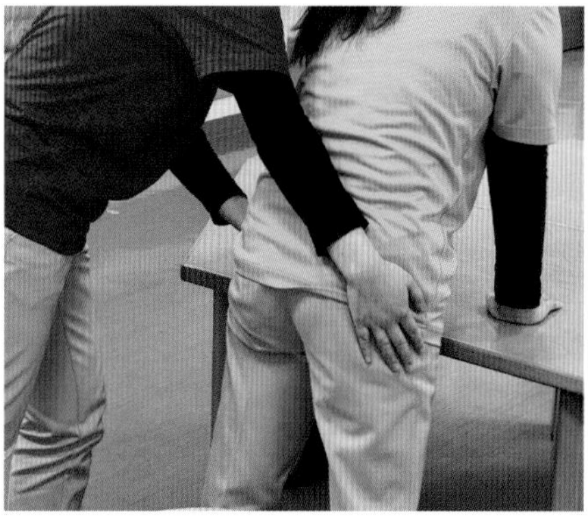

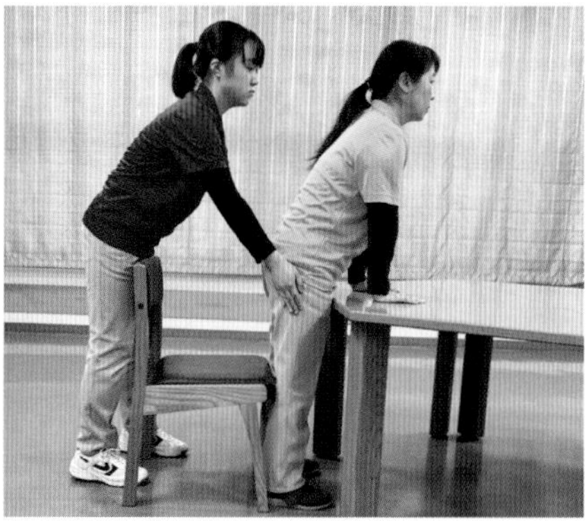

3 立ち上がりができても手を離さず、ふらつきがあったら支えられるように大転子を支えましょう。

介護の立ち入り禁止ゾーン

立ち上がるとき、人は無意識に、頭を前方に下げて重心を前に移動させています（立ち上がりの３条件❶）。そのときの頭の動きを鼻の軌跡で示したのが下のイラストです。立ち上がるためには、前方に大きな空間が必要になることがわかります。

この空間を私は「介護の立ち入り禁止ゾーン」と呼んでいます。利用者が立ち上がるとき、介護職はこの空間に入ってはいけません。利用者の前かがみ姿勢を邪魔しない位置で、利用者のこの生理的動作を補助するのが介護職の介助です。抱えあげて介助する前に、この過程をとばしていないか見直してみましょう。

◆ 立ち上がる際の頭の動きと鼻の軌跡

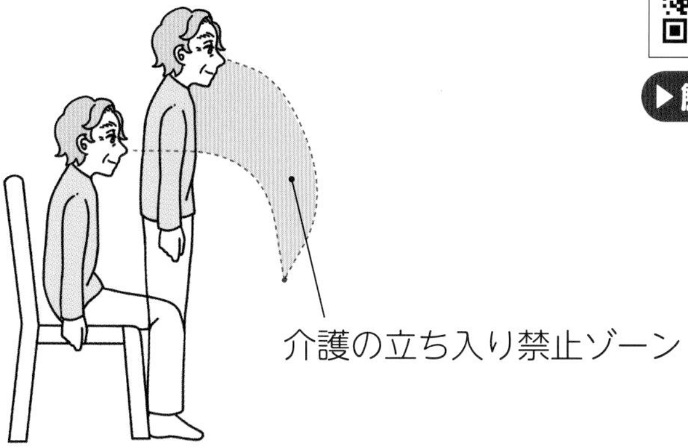

◆ 立ち上がり介助の悪い例

・職員の立っている位置が本人の前かがみをじゃましています。前かがみをじゃましない位置に立って介助しましょう。
・本人の力を大切に立ち上がり動作を介助しようとすると、イラストのピンクの領域に介助者が立ってはいけないことがわかります。

立ち上がる

ベッドからの立ち上がりを介助する

立ち上がる動作は、手で押して立てるように前方に台や手すりのある環境が望ましいのです。介助者が手を下から差し出し、台になるイメージで支えましょう。この動作が安定すると、テーブルでも自力で立てるようになります。

memo

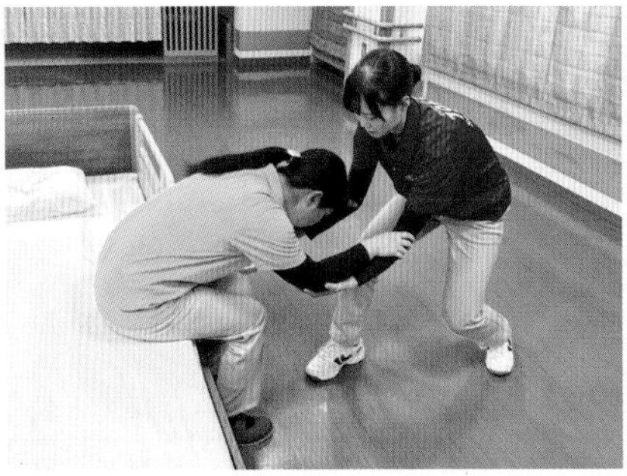

1 介助者は下から手を差し出し、本人に前腕をつかんでもらいます。

2 前かがみを促し、腕を支えに立ち上がりを介助。このとき、介護者は押されても腕を下げずに最初の高さをキープします。

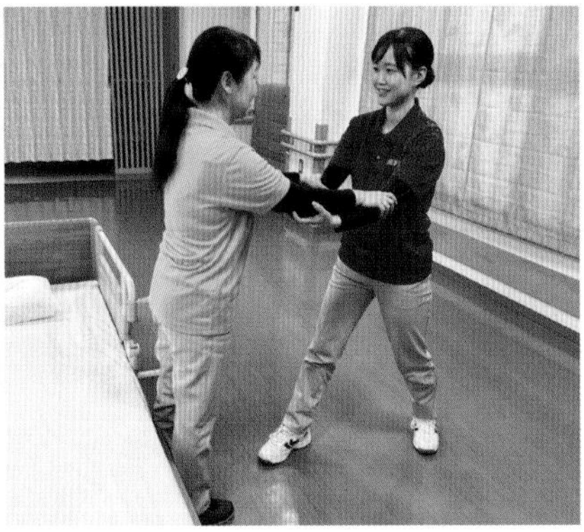

3 お尻が上がったらタイミングを合わせて一緒に頭を上げて、立ち上がりの完成。
この流れを本人に体験してもらい、コツをつかんでもらうような介助がオススメです。

【悪い例】

腕を持って本人を真上に引っ張りあげる介助、重心移動を配慮しない介助では、前かがみの重心移動が無視されてしまいます。こういった介助を続けると重心移動が行われず、自分で立てない人をつくってしまいます。

手すりを持って立ち上がる

手すりは誤った使い方をしていると身体の動きを悪くしてしまうことがあるので、注意が必要です。

起き上がる
座る
立ち上がる
移乗する
歩く

手すりで生理的動作がなくなる!?

トイレや廊下などに付いている手すりは、転倒を予防したり、段差昇降を安定させるなど、安全な介護を行うための大切な設備です。しかし、トイレなどでよく見かけるのが、手すりを持ってグッと引っ張る立ち上がりです。足は壁で突っ張っています。この立ち上がりは、運動学でいうと間違っています。「立ち上がりの３条件」を満たしていないからです。

手すりを引っ張る立ち上がり方は、身体を腕の力で引っ張り上げるので、前かがみになることができません。また、壁で足を突っ張っていると足を引く動作もできませんから、条件①前かがみになる、②足を引くの両方に当てはまらないことになります。

▶解説YouTube

左手で手すりを引っ張り、左足を壁につけ突っ張っています。このように筋力で立ち上がっている人は、筋力が低下するとすぐ立てなくなってしまいます。

施設や病院のトイレでは手すりが付いていることが多いため、こうした「手すりの引っ張り立ち」に慣れてしまっている利用者さんもいるのではないでしょうか。

手すりを引っ張って立ち上がることの問題点

01 いつものところに手すりがないと立てなくなる

手すりを使って立ち上がっているうちに、手すりがないと立てない身体になってしまいます。

02 筋力が衰えると立てなくなる

筋力に頼って立つことに慣れてしまうと、筋力が衰えた途端に立てなくなってしまいます。生理的動作に沿っていれば、相当筋力が弱っても立ち上がることができます。

03 引っ張る動作がクセになる

物につかまって、引っ張って立ち上がるクセがつくと、テーブルなどの固定されていないものも引っ張ろうとするので危険です。上から押して立ち上がる方法は安全で、応用が効きます。

縦手すりに頼っているうちに、手すりの上方をつかんで引っ張って立つクセがついてしまう人がいます。もちろん、立てることはすばらしいのですが、それを続けてしまうとその環境でしか立てなくなってしまいます。

立ち上がり時、前かがみになり、手を台に置いて立つことができれば、手すりのない環境でも立つことができます。介護時には、できるだけふだんの環境でできる動作を大切にしていきましょう。

memo

改善策　立ち上がりリハーサル体操のススメ

手すりを引っ張って立ち上がることに慣れた人に、本来の運動学的な立ち上がり方に慣れてもらうためには「立ち上がりリハーサル体操」がオススメです。

やり方はとっても簡単。足を引き、手を組んで前に突き出し、前かがみになるだけです。職員が手を前に出して、「ここまで手を伸ばしましょう」と目安をつくると、より前に大きな重心移動ができるようになります。立ち上がる筋力があるうちから正しい体重移動を覚えて、一日でも長く、安全にご自身で立ち上がっていただきましょう。

▶解説YouTube

10回を1～２セットが目安ですが、回数は体調に合わせて調整してください。
目標を少しずつ前に移動することで、立ち上がりに必要な前かがみ姿勢のコツをつかんでもらえます。慣れてきたら、お尻を少し浮かせてもらいましょう。その他にも、お尻が椅子から離れるコツをつかんでもらうことで、立ち上がり動作につながります。

移乗する

しくみ

移乗は生活の根幹をなす大切な動作です。なぜなら、移乗ができれば、ベッド、トイレに移ることができて行動範囲が広がり、生活の質が格段に上がるからです。

memo

イ・ジ・ヨ・ウって何？

移乗は次の「イ・ジ・ヨ・ウ」の4つの動作から成り立っています。

イスから立ち上がる起立動作

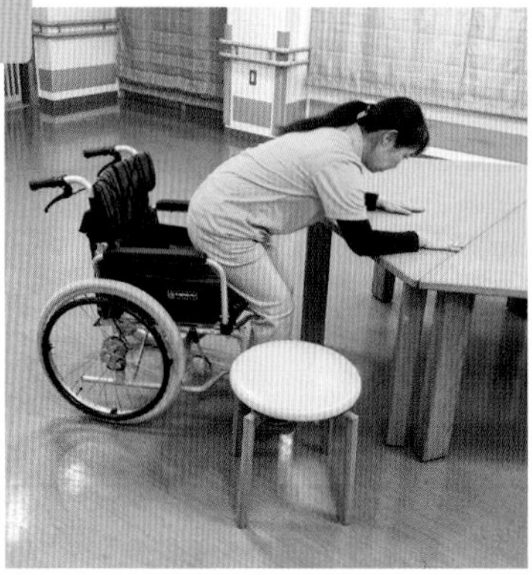

ジョウタイを保つ立位保持

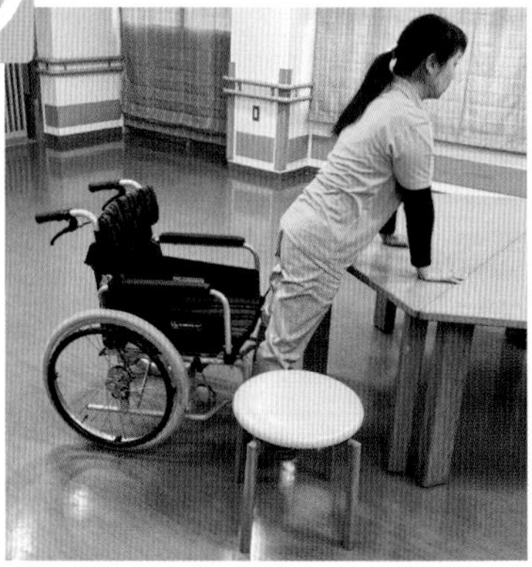

ヨコにお尻を回す方向転換

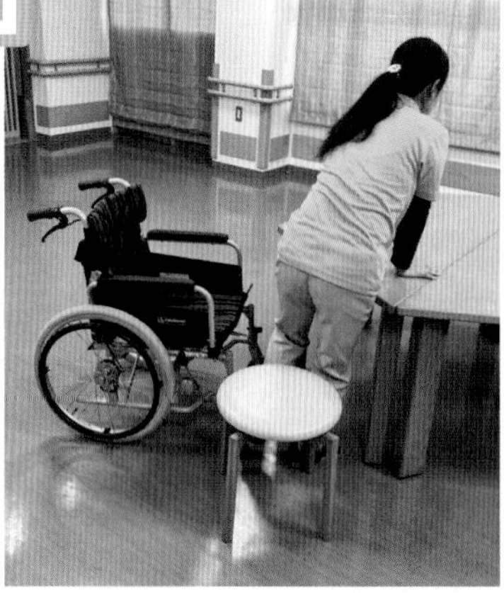

ウシロに座る着座動作

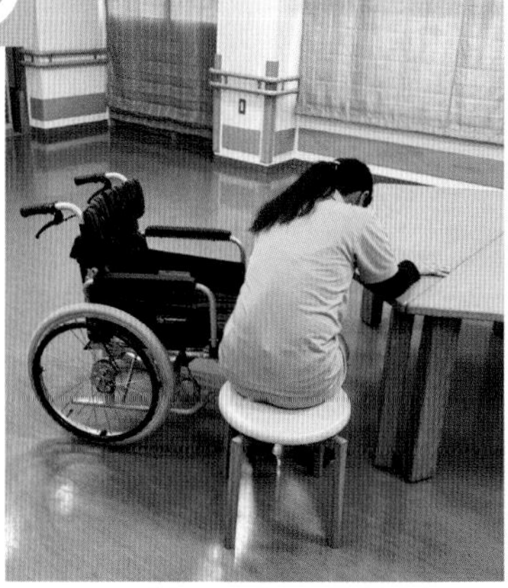

アセスメント

移乗は立ち上がり、立位保持、方向転換、着座動作の複合動作です。それぞれの動作のどこが難しいのかをアセスメントしましょう。

01　立ち上がり動作ができるか

前かがみや足を引くといった姿勢がスムーズにとれる関節の柔らかさがあるかを確認します。

02　立位保持ができるか

立ち上がってもフラフラしてしまう人は、重心の安定が得られていません。立っても前後左右いずれかの方向に倒れようとしてしまう場合は、立位保持ができていません。支えながら、10秒以上姿勢が保持できる姿勢をみつけられるように配慮します。

リハ★タツポイント⑤

移乗動作を一気に「エイ！」と行う介助をしている介護職をみかけます。ゆっくり行うと転倒のリスクが高まるため、早く移乗介助を終えたい気持ちがあるかもしれません。

しかし、移乗は大切な動作が4つもあります。一気に移乗動作を介助して終えてしまうと、この4つの動作が日課の中で抜け落ちてしまいます。立ち上がり、立位保持、方向転換、着座動作と、動作を各段階に分けてつぶやきながら行うといいでしょう。

車いすユーザーの利用者がトイレやベッドなどに移乗する動作は、1日に約20回あります。この4つの動作を毎日行うことが、最高の機能訓練となるでしょう。

1日20回→1か月600回→1年間7200回。

すごい回数になりますね！！

03　方向転換ができるか

方向転換を身体のひねりで行っていないかを確認します。身体はひねらず、足踏み動作で行うのが安全な方向転換です。

その場で足踏みができるかを確認し、できない場合は、その場足踏みから練習していきましょう。

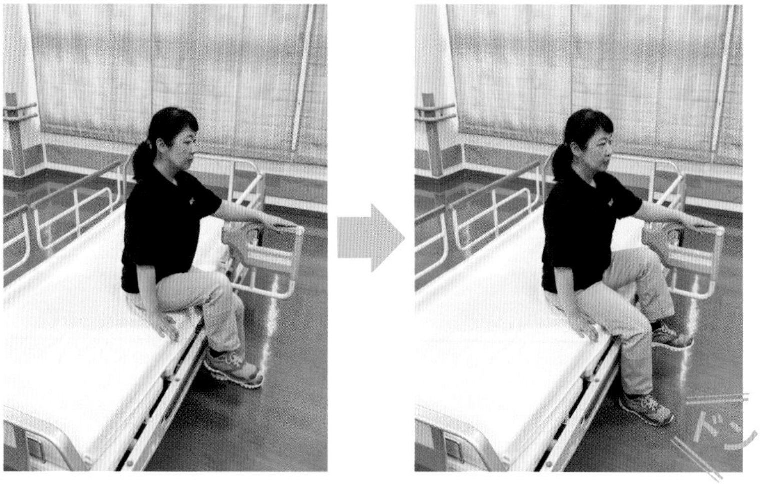

方向転換の練習に足踏みをします。慣れてきたら立位で行います。

memo

04　着座動作ができるか

ドシン！　と尻餅をつくように勢いよく椅子に座ってしまう人は大腿四頭筋の筋力が不足し、お尻の重さを支えることができず、安全な着座動作ができていません。

手の力に負けないキック運動で膝をしっかり伸ばす力が発揮できると、着座動作ができる能力があるということになります。できない場合は、キック運動を練習していきましょう。

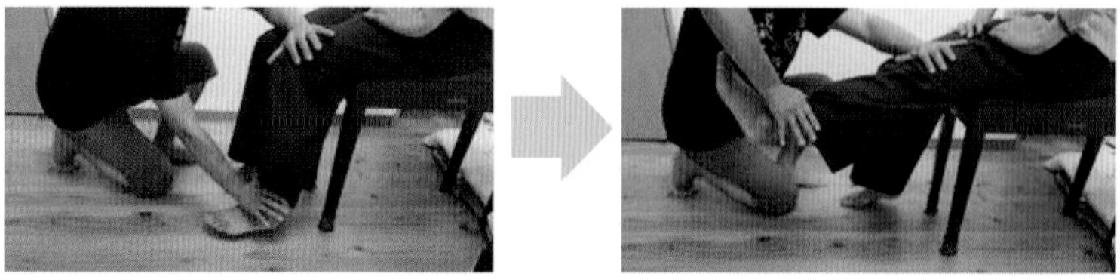

「移乗」を介助する

移乗動作を正しい動作で行うと、素晴らしい生活リハビリになります。生活リハビリの基本は特別な環境を準備するのではなく、いつもしている動作を適した環境と介助で行うことです。このような介護を続けることで利用者の生活空間が広がっていくのです。

本人の力を活かして4つの動作を支えよう

移乗を介助する際は、利用者の椅子や車いすを動かさないで移ることができるように考えましょう。そうすることで、車いすからベッドやトイレにも難なく移ることができるようになる人もいます。

具体的には、利用者の力が発揮されるように4つの動作を意識して介助します。手順をみていきましょう。

車いすと椅子を90゜に向かい合わせる

▶解説YouTube

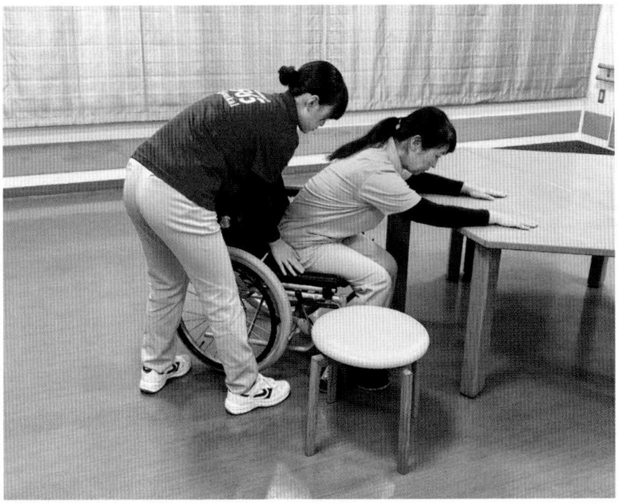

椅子を差し替えるのではなく、固定された椅子に移る動作を大切にしましょう。介助者の立ち位置は後方、2つの椅子の間です。

「移乗《イジョウ》」大切な4つの動作

イスから立ち上がる

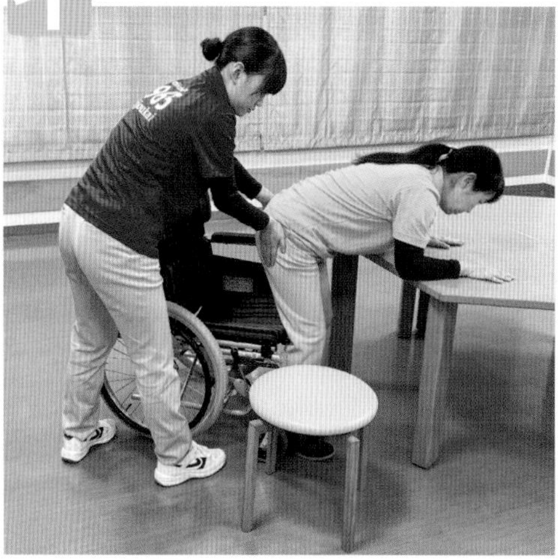

1 立ち上がり時本人のタイミングに合わせて動作が始まるのを待ちます。
動作が始まったときに手を添え、立ち上がりに足りない分だけ介助します。

ジョウタイ（状態）を保つ

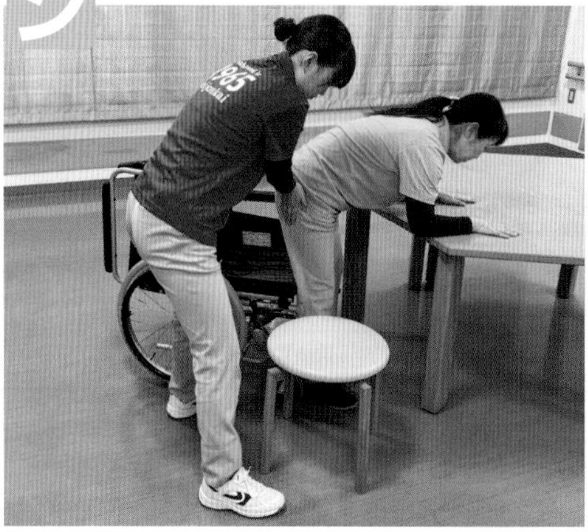

2 介助者は手を添えて立位保持が安定するまで待ちます。先回りしてお尻を回そうと力を加えてはいけません。
本人がしっかり立位を安定するまで待つことで、立位保持の時間を大切にした介助ができます。

ヨコ（横）にお尻を回す

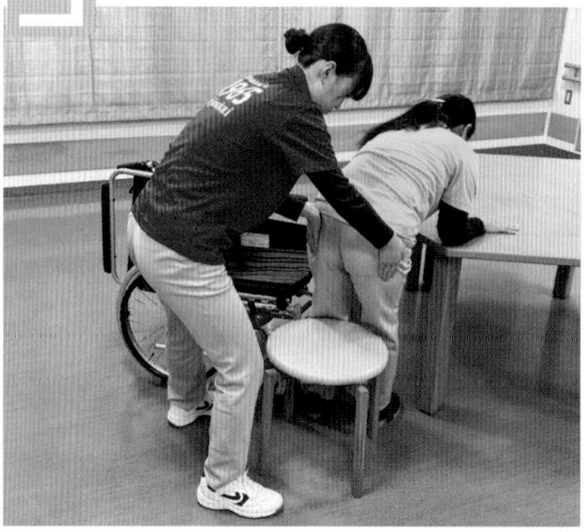

3 足踏みを行いながらお尻を回します。
このとき回転角度が足りなかったり、回り過ぎたりする人の場合、「もう少し、もう少し」「ここでいいです」など声かけを行いましょう。

memo

ウ シロ（後ろ）に座る

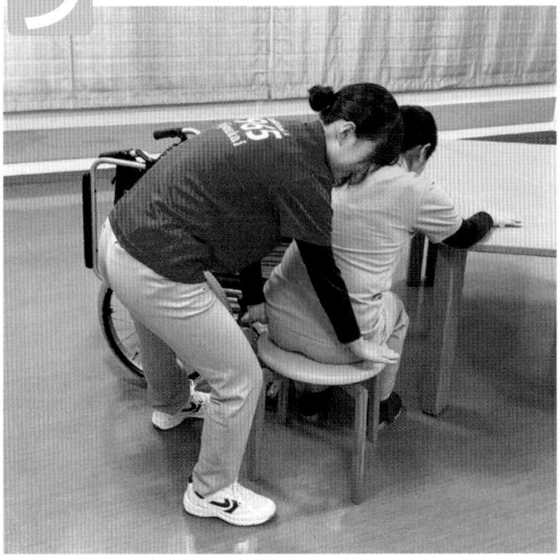

4 ドシンと尻もちをつくように座る人の場合、「ゆっくりブレーキをかけながら座りましょう」と声かけを行います。

異常な移乗をやめよう

施設などでよく見かけるのが、利用者を立たせて背後で車いすと椅子を差し替える移乗です。私たちの生活の中で、背後でものが勝手に入れ替わるということは、まずありません。固定されたものから固定されたものに移るのが、私たちの普通の生活です。「普通の生活」に則って介護することが生活リハビリの基本です。

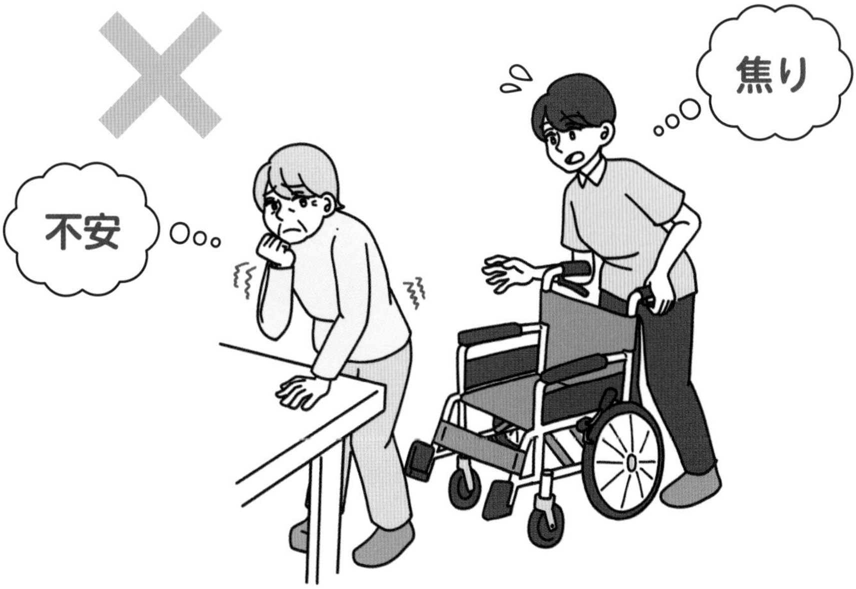

移乗する

本人の力を活かすことを介助の基本に

本人がまったくチカラを使わない介護をジユウゼロ介護と呼びます。本人に1でも２でも残った力を発揮してもらえる介護を心がけましょう

本人の力がゼロの介護を見直そう

memo

２人がかりで利用者を持ち上げてベッドから車いすに移す介護をよくみかけます。もちろんそのように介助しなければならない人もいます。しかし、本人は本当に何もできないのか？　残っている身体機能はどれくらいあるのか？　それを確認せずに介護方法が選択されていませんか。職員がすべて介護してしまい、利用者の力を奪ってしまう介護法を、私は「ジュウゼロ介護」と呼んでいます。職員の力が10、本人の力が０のジュウゼロ介護です。

ジュウゼロ介護	持ち上げる、抱えるなど職員がすべての介助を行っている。利用者は自分の力をまったく発揮できていない
シチサン介護	姿勢や福祉用具に配慮して利用者の最大限自分の力を引き出し、介助者は足りない部分で支える、持ち上げるなど部分的に介助を行う
ゴブゴブ介護	利用者が主体的に立つ、移るなどの一連の動作半分くらいは遂行できている。あとの半分を職員がサポートしている
シブロク介護	利用者の力で立つ、歩く、移るなどの動作がほぼ主体的に行えている。介護者は見守りながら必要時にサポートを行う

力を引き出すのが生活リハビリの達人です

入所時から連綿と同じ介護方法が継続されることがよくあります。しかし、心身の状態は日々変わります。介護方法はその人の状態にあわせて変えていかなければなりません。

本人の力が一つでも発揮できる介護を日々考え続け、「今の状態だとこんな方法がいいよ」とチームで情報交換できるのもいいですね。

×力まかせに「えいや！」と移乗する

×利用者を車いすに乗せてダッシュ！

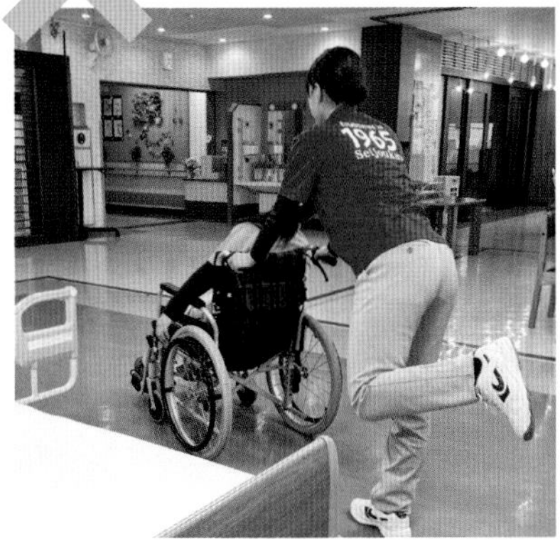

▶解説YouTube

「早わざで終わらせたぞ。出た！新記録～！」
とそのときは早く終わるかもしれませんが、そんな介護は、みるみる利用者の力を奪ってしまうのです。

歩く

しくみ

歩行がどのようなしくみで行われているのか？　また加齢によりどのような変化が起こるのか？　多くの人の「歩きたい」という気持ちを支える介護を目指していきましょう。

memo

歩行は片足立ちの連続動作

歩くことは片足立ちの連続動作なので、一瞬ではありますが、片足で立つ高度なバランス機能が必要です。上げた足を「遊脚」、地面についた足を「立脚」と呼びます。歩行するためにはこの立脚と遊脚を途切れのないように繰り返す必要があります。

◆ 歩行の周期区分

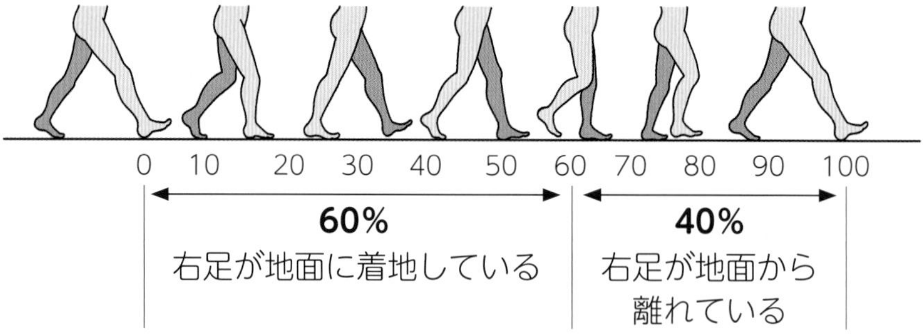

足を上げるためには重心を立脚側にしっかり移動しなければなりません。壁に肩をつけて寄りかかって、反対側の足を上げてみてください。重心移動できない状態では人は片方の足を上げることすらできません。重心を片足に乗せるためには、頭を始め上半身の体重をしっかり左右に動かす必要があるのです。

歩行している人は揺れ続けます。立脚側に重心が移動するからです。力士は体重が重いため、重心移動が普通の人よりも大きく、この動きがよくわかります。観察してみてください。

片足立ちと重心移動、この二つを理解することが歩行を介助する上でとても大切になります。

▶解説YouTube

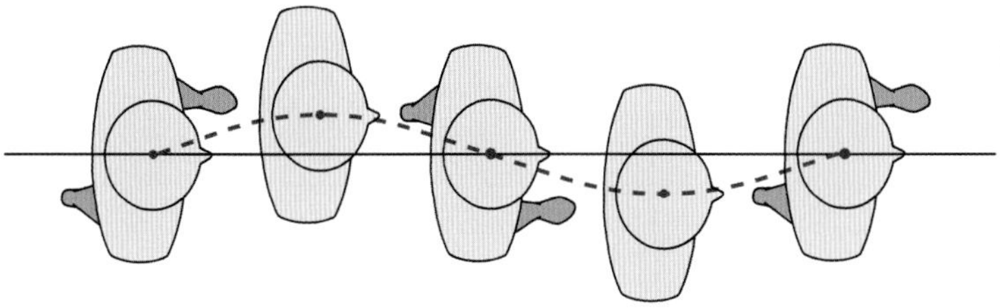

人が歩いているのを上から見たら…

高齢者の歩行

高齢になると筋力、バランス能力が低下するため、足を前に出す力が衰えやすくなります。そして「気をつけ」のような足のベースを狭くした状態での立位バランスも不安定になります。

高齢者の歩行の傾向として、①歩幅が小さい　②左右の脚幅は広くなる　があります。この特徴を理解した上で、見合った介助方法や福祉用具を選んでいくことも大切です。

◆ 高齢者になるとどう変わっていく？

〈若い人の歩行〉

〈高齢者の歩行〉

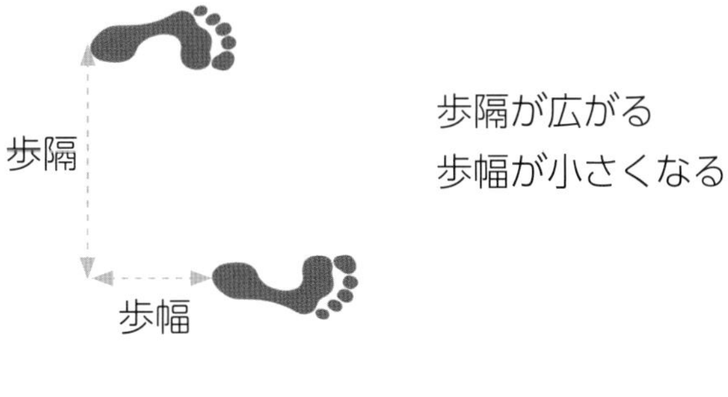

歩く

アセスメント

「この方は歩けますか？」
という質問をよく受けます。実は歩行の様式はたくさんあり、一概に歩ける・歩けないという判断は難しいものです。

memo

具体的なアセスメント方法

高齢者の「歩く」の代表的な方法には、「何も持たずに歩行ができる（独歩）」以外にも、「手すりがあれば歩行できる」「タンスや壁を伝って歩行できる」「杖や歩行器を使って歩行できる」など、さまざまなバリエーションがあり、身体機能によって歩行スタイルが違います。利用者がどの方法なら歩くことができるのかを見極めましょう。

01　両手で平行棒につかまって歩けるか？

まずは平行棒など安全な場所で、両手で平行棒につかまって歩くことから確認します。両手でつかまって歩けたら、続いて片手で平行棒を持って歩けるかを確認します。これで歩くことができれば、手すりがあれば歩行可能と考えます。

02　平行棒に頼らずに歩けるか？

棒を握らずに（平行棒にあまり頼らずに）、平行棒の上に手を置く程度の支えで歩行ができるかを確認します。これができれば、「杖歩行」または「つたい歩き」が実用的にできるかもしれません。

これらを確認し、その人の生活環境で歩行様式を決めましょう。

転倒のリスクをアセスメントする

お年寄りの転倒は、生活自体が崩壊する危機をはらんでいます。リスクの高い人の特徴を押さえて一人ひとりの生活を整えていきましょう。

01　重心移動ができなくなる

　立位時に重心が動揺したときに、その場でバランスを崩さないように姿勢の調整ができるのかというテスト（ファンクショナル・リーチテスト:FRT）で転倒リスクやバランス能力を評価することができます。

❶ 壁側に横向きに立ち、肩の高さで伸ばした拳の先端に付箋を貼ります。

❷ 同じ高さでできる限り腕を前方に伸ばし、拳の先端に付箋を貼ります。

❸ ❶と❷の差を測ります。

❹ ❶と❷の差が小さいほど、重心移動能力が低く転倒リスクが高まります。高齢者の場合、25 cm未満の人は転倒予備軍と考えましょう。

02 膝が上がらない、つま先が上がりにくくなる

高齢になると筋力低下、関節の可動性の低下が起こり、思った通り足が上がらなかったり、すり足気味になることが多くなります。

可動性の低下が起こると、生活環境で小さな段差（たとえば、カーペットのふち、こたつ布団の厚み）につま先がひっかかって転倒してしまうことがあります。

memo

03 話しかけると立ち止まるようになる

「あれ、最近立ち止まって返事するようになったな」というお年寄りはいませんか。歩きながら返事をするというマルチタスク（ながら動作）ができなくなっているのかもしれません。歩行は「片足立ち」や「重心移動」を連携させるマルチタスクを要する動作のため、転倒リスクが上がっていると考えられます。

▶解説YouTube

コラム

歩行の運動学

人は歩くとき、重心移動によって左右に揺れています。この揺れを考えずに「転倒させてはいけない！」と至近距離に身体を寄せて、支えようとする人がいます（写真左）。

確かにこのほうが身体は支えられるかもしれませんが、近づきすぎると利用者はかえって歩きにくいのです。職員同士で身体を近づけて歩く体験をしてみてください。いかに歩きにくいか、がわかります。

右の写真のように少し離れて左右の身体の揺れをサポートするように歩いてみましょう。きっと「これは、歩きやすい！」と言ってもらえる歩行介助ができるでしょう。

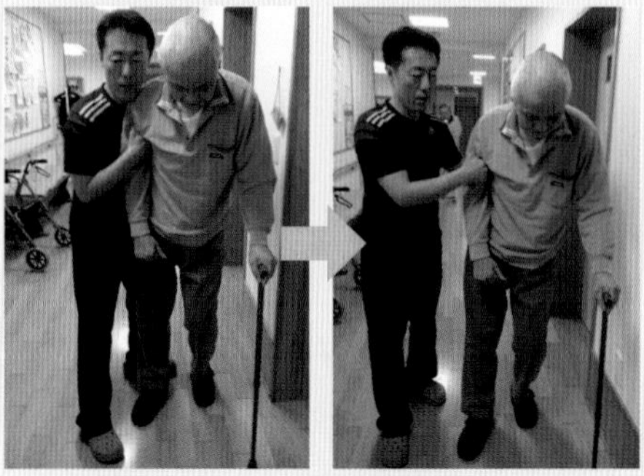

歩く

エアー杖での歩行介助

エアー杖での歩行介助は、今後杖を使用するようになった場合にもスムーズな移行ができるので、先を見越した介助法です。

エアー杖とは

歩行介助にはエアー杖がオススメです。エアー杖とは、職員の手で、手すりや杖を持って歩いている環境をつくりだすことです。職員は利用者の重心移動を感じることができ、歩行時に必要なサポートを考えながら介助することができます。

01 エアー杖の介助方法

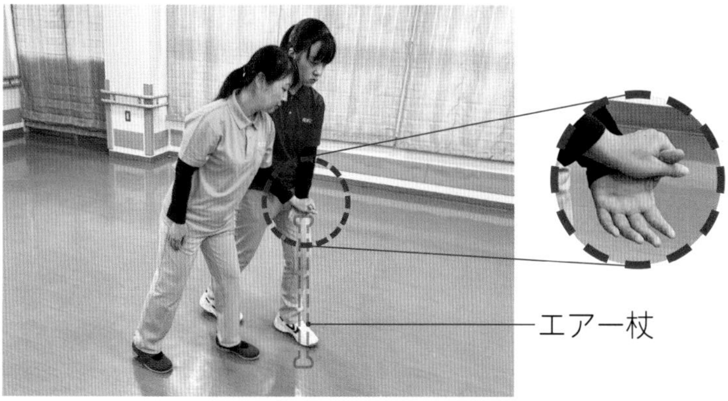

職員は利用者の手のひらを下から支え、利用者は職員の手を上から押します。手の高さはその人に適した杖の高さを意識しましょう（ベルトより少し低いくらいがよい）。

02 手引き歩行はできるだけやめよう

介護施設では利用者の移動介助の際、「手引き歩行」での介助をよく見かけます。赤ちゃんであれば問題ありません。赤ちゃんは転倒しながらバランス機能を発達させていく時期だからです。

しかし、お年寄りはそうはいきません。お年寄りに手引き歩行で介助をすると、こんなデメリットがあります。

memo

1. **後方の人に気づかず転倒**：介助者は利用者の歩行を見ながら、後ろ歩きをするので、後方にいる人と接触し、利用者を転倒させるリスクが高くなります。
2. **脱臼のリスク**：介助者は利用者の手を握っているため、利用者がバランスを崩した際、とっさに手を引っ張ってしまい、腕や肩の関節を脱臼させる可能性があります。
3. **視野が狭くなる**：手引き歩行をされている利用者は、前方に職員の胴体が見えるだけです。視野が狭くなるので、自然と下を向きがちになります。
4. **主体性がなくなる**：手引き歩行でないと移動ができない状態が続くと、職員が来たときのみ移動することになり、利用者を受け身にさせてしまいます。

▶解説YouTube

歩行器の出番です

介護施設で手引き歩行しているということは、誰か一人は介助についているわけです。そうであれば歩行器を使ってもらって、スタッフは見守るという歩行介助に変えてみませんか。

私が担当した利用者は、歩行器に変えたところ、行き先が見えるようになったからか「あの人と話がしたいな」と、がぜん主体性が出てきました。

「手引き歩行」に慣れてしまうと、歩行器を提案しても「こわい！」と拒否されることもあるので、介助が必要になり始めた初期がとても大事です。すぐ試してもらえるように、施設に予備の歩行器を用意しておくといいでしょう。

こんな歩行介助はもってのほか！

01　ポケットを持たせ型

職員がお年寄りに自分のポケットを持たせて歩いてもらう歩行介助です。

①主体性のない歩行、②職員の後方が危ない、③利用者の視野が狭い、④転倒しそうになったら利用者を引っ張ってケガをさせてしまいそう、などの弊害があります。何かの拍子に職員のズボンが脱げたりするかもしれません。

02 あやつり人形型

職員が後方から、利用者のわきの下を持って歩いてもらう介助法です。利用者の視野は広がりますが、わきをこすったり肩を痛めるかもしれません。また、職員が利用者の身体を左右に振って、職員のペースで歩かせてしまいやすくなります。

03 連行型

利用者の手を引いて連れて行くスタイルの歩行介助法です。
①主体性がない、②見栄えがよくない、③利用者の歩行状況を観察できない、などの弊害があります。

memo

パーキンソン病の人の歩行介助

「パーキンソン病の人の歩行介助が難しい」という声をよく聞きます。歩き始めたかと思うと立ち止まったり、足が出なくなったりするからです。

なぜパーキンソン病の人の歩行介助は難しいのか

パーキンソン病の特徴として、筋肉の緊張があり、足が出にくくなるということがあります。また、足を出すことはできても大きく踏み出せず、小刻み歩行、突進現象などが起きやすいのも特徴の一つです。総じて転倒しやすく、歩行介助がしにくい疾患だといえるでしょう。介助者は「足を出してください」などの声かけをしますが、こうした漠然とした声かけは足を出すきっかけにはなりません。

五感を使った歩行介助

人間には外界を感知するための機能として聴覚・視覚・味覚・嗅覚・触覚という５種類の感覚機能（五感）があります。

歩行時に足がすくむ、小刻みになってしまうなどの症状があるパーキンソン病の人にはこの外部からの刺激を最大限利用するのがオススメです。五感のうち、特に歩行時に刺激を与えやすいのが聴覚・視覚・触覚です。少しの工夫で足が出やすくなる人がいます。

次ページで紹介する「五感を使った歩行介助」を実践してみてください。

パーキンソン病の人の歩行介助のポイント

▶解説YouTube

memo

❶ **聴覚を刺激する**：「いちにー、いちにー」と、はっきりリズムがわかる声かけをすると、その人の足の運びを合わせやすくなり、歩きやすくなります。

❷ **触覚を刺激する**：介助者が歩行者の足の運びに合わせて「トントン」と肩や腰などを軽くタップ（叩くこと）すると、よりリズムがとりやすくなります。

❸ **視覚を刺激する**：一緒に歩いている職員も足踏みをすると、視覚的にも足の振り出しが意識しやすくなります。少しオーバーに足踏みすると効果的です。

❹ **パーキンソンハシゴを利用する**：足がすくんでいるときに目印があると足を出しやすいので、足の運びの目安に30cm程度の間隔で床にカラーテープをハシゴのように貼り付けると、視覚的に足を出しやすくなります。

知っておきたい関節の基礎知識

高齢者の関節は老化により痛みや変形を生じることがあります。変形性関節症とよばれる症状はよくみられるため介護に携わる人は関節のしくみについて知っておく必要があります。

関節の機能と構造

関節とは、骨と骨のつなぎ目の動く場所を指します。関節は、日常生活で何度も何度も運動を繰り返します。骨同士が直接ふれると摩擦ですり減ってしまうので、骨の端は「関節軟骨」というスポンジのような柔らかいものでおおわれています。関節軟骨は、水分を多く含み、骨と骨との摩擦を少なくする働きがあります。

また、「関節包」という膜が関節全体を包み込み、「靭帯」と一緒になって骨同士がはずれないように補強をしています。関節包の内側には、「滑膜」という膜があり、その滑膜では「関節液」をつくっています。関節液は、滑膜から関節内部に排出及び、吸収されています。これにより、関節内は常に新しい関節液に満たされています。関節液は潤滑油としての働きや、関節軟骨に栄養を送る役割をもっています。

このように、関節は骨がすり減らないように、または運動がスムーズに行えるように非常に精巧にできています。

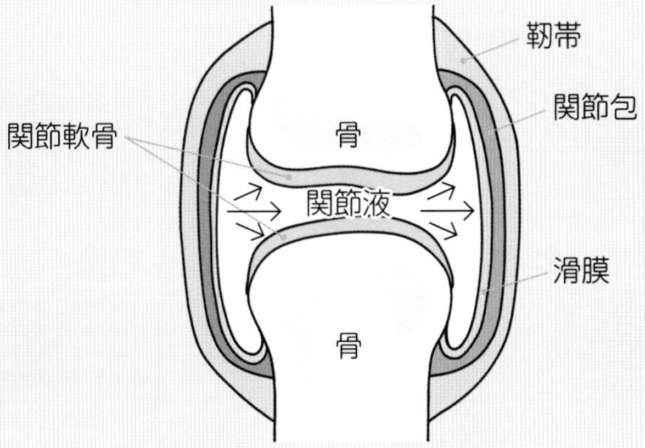

図１　関節の構造

【認知症コラム②】
ヒトは居場所と役割を求める生き物

認知症ケアは、食事・入浴・排泄の基本的ケアからはじめることを前述しました。しかし食べて、出して、お風呂に入ればその人らしい生活は完成するでしょうか？　そんなことはありませんね。生理的欲求を満足させることは最優先ではありますが、ヒトはパンのみにて生くるにあらず。

「他者から認められる」「愛情を交換する」などの実現を目指すのが真の生活リハビリの達人だと思います。

家族構成や職業や趣味、何を大切にしてきたか、などのその人の人生の来し方を知ったうえで、「これを教えてください」「これをやりましょう」といった活動を日課の中に創り出すことはできないでしょうか？　たとえば帰宅願望が強く、夕方に子どもにご飯をつくりに帰ると必ず言い出すおばあさん。ある職員は「ヤスコさん、おウチも心配ですがちょっとの時間、コチラを手伝ってもらえませんか？　ウチも大変なんです！　ヤスコさん盛り付け得意なの知ってますよ！」と声をかけました。料理が得意なヤスコさんは盛り付けに腕をふるってくださり、「あんたのところ、何人家族なの！？」と量の多さに目を丸くしながらも、一仕事終えた達成感を感じておられる様子。「帰る、帰る」と言っていた方が、落ち着いて過ごせるようになったのです。

このように落ち着かない認知症の人を薬などを使ってなだめようとするのではなく生活歴を知り、「居場所と役割づくり」を考えてみましょう。

マズローの欲求5段階説

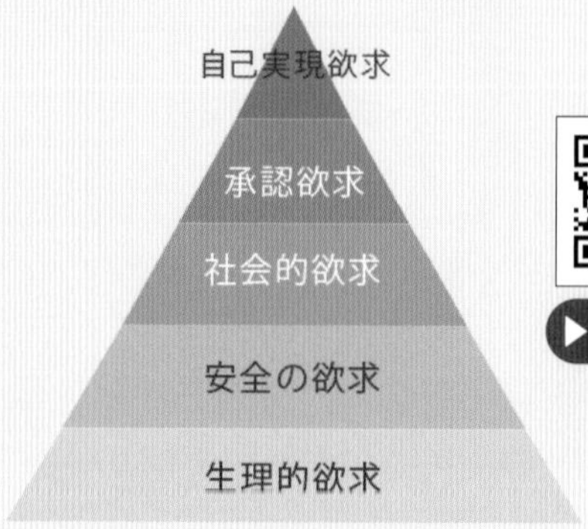

▶解説YouTube

※ひとはパンのみにて生くるにあらず。
人は物質的な目的だけで生きているのではなく、精神的な満足感を得られてこそ、充実した人生を送ることができるというキリストの垂訓。

Chapter2

生活リハビリを生活場面に活かす・伝える

しくみ

食べ物を噛んで飲み込むまでの一連の口腔の動きは、
５相に分けられます。そのしくみを確認します。
サポートにより大きく差が出ます。どんなサポートが
できるかを考えてみましょう。

食べ物が食道に届くまでの動き

memo

嚥下動作は５つの相（プロセス）から成り立っています。この５相の順番が狂ったり、正しく進められなければ誤嚥のリスクが高まります。５相のうち特に前半の部分は介護専門職の腕の見せどころです。

1 先行期

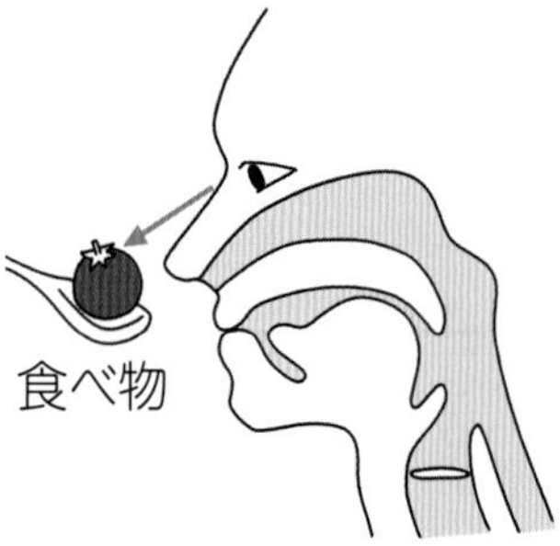

目の前の食べ物を目で見て、香りを嗅ぎながら、脳では食べる準備が始まります。美味しそう、これはまだ熱そうだな、硬そうだな、スプーンでこのくらいすくって食べよう（一口量）、好物は最後に取っておこう……など。考えているうちに、口の中には唾液が分泌されてきます。

2 準備期

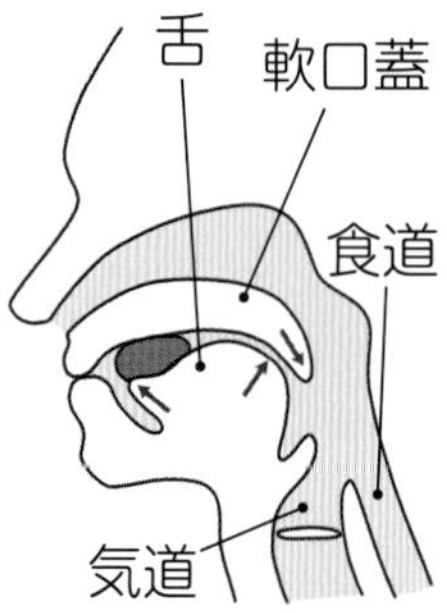

食べ物を歯で噛み砕き、つぶしながら唾液と混ぜて飲み込みやすい形にしていきます（咀嚼《そしゃく》）。噛み砕かれた食べ物はどろどろの団子状の塊になります。このように喉を通過しやすい形状に口の中で処理することを食塊形成といいます。咀嚼中は食べものが口からこぼれないように口唇は閉じています。舌は食べ物を潰したり、奥歯に運んだり、まとめたりと忙しく働いています。

3 口腔期

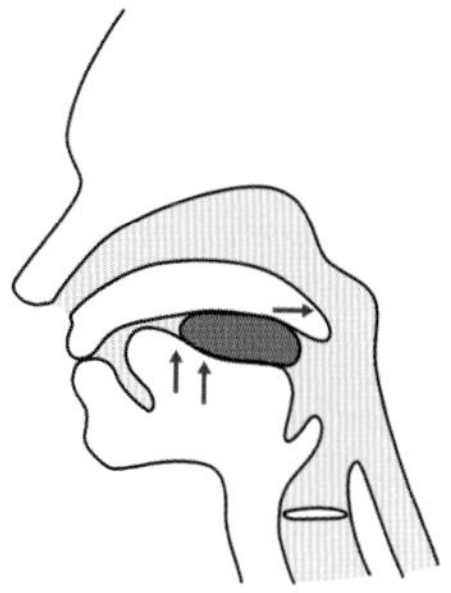

飲み物や食塊形成された食べ物は、舌をしっかり口蓋に押し付けるような動きで咽頭に送り込みます。飲み込む瞬間に口唇がしっかり閉じて息を止めることで飲み込みの力が発揮されます。

4 咽頭期

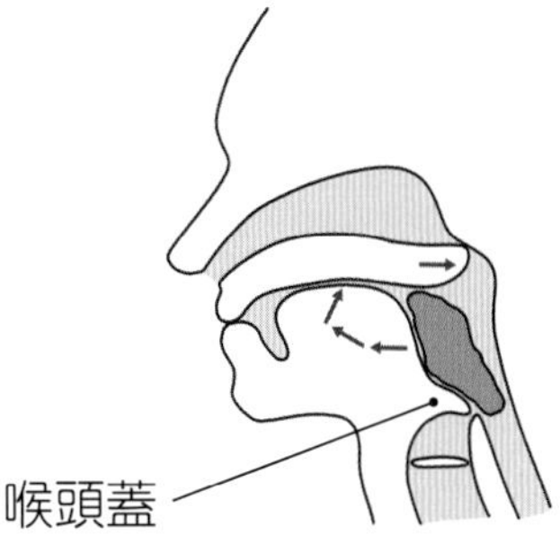

飲み物や食べ物は咽頭から食道に送り込まれます。このとき、ふた（喉頭蓋《こうとうがい》）は気道の入口をふさぎ、飲食物が入らないようにします。

ふたを閉じるのが間に合わず、気道に入りかけるとむせが起き、異物を外に出す咳反射が起こります。むせでは出し切れなかったり、むせが起きないまま気道に入ってしまうのが誤嚥《ごえん》です。

5 食道期

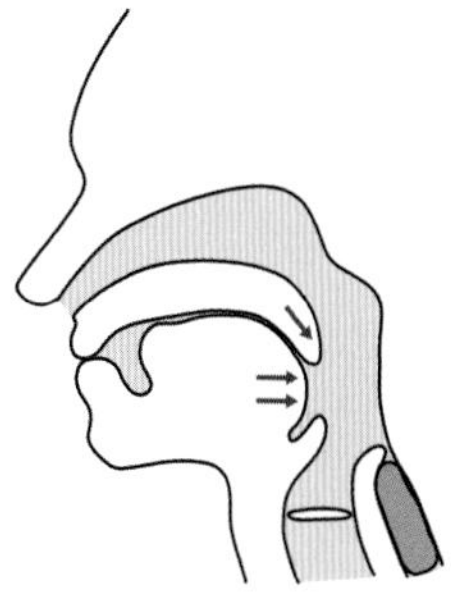

飲み物や食べ物を食道から胃に送り込みます。

上を向いて唾を飲み込んでみてください。普通に唾を飲み込むときと違って、とても飲み込みにくいですね。これは嚥下の５相を準備する間もなく、唾が、喉に流れ込んでくるからです。また、顔が上を向いていると、飲み込もうとするときに喉の周囲が伸ばされて、気道にふたをする喉頭蓋の機能がうまく働きません。

介護の現場で嚥下の５相を円滑に進めるために特に大切なのが、目の前のものを食べ物と認識する①先行期です。ペースト状のものを出されると、食べ物なのか、粘土なのかわかりません。食欲は湧かず、唾液も分泌されません。できるだけ食べ物のカタチは残した調理法が望ましい理由は、こんなところにもあります。

memo

▶解説YouTube

リハ★タツ ポイント⑥

食事ケアは食事時間だけ行うものではなく、ふだんからおしゃべりしたり笑ったり歌ったりする生活があるから唇や舌もよく動き、唾液が出て、嚥下機能が維持されます。そうした生活が実現できているか？　そこも介護職の腕の見せどころといえます。

そして食事は多くの人にとって楽しみなもの。

美味しく食べてほしいという周囲の人の工夫は「生きてほしい」「一緒に生きていきましょう」というダイレクトなメッセージになります。

ぜひそんなメッセージを送りながら食事ケアをしていくことをチームで目指してください。

アセスメント

姿勢や嚥下動作の確認、口腔ケア、道具の選択など、食事に関するアセスメントは多岐にわたります。

嚥下反射を確認する

前かがみの姿勢がとれているのにむせたり、食べにくそうにしているときは、嚥下機能に問題があるのかもしれません。嚥下反射を確認してみましょう。

嚥下反射の確認は、唾を飲んでもらって、のどぼとけがしっかり動くかどうかで確認します。

食事前に唾飲み体操をしてみましょう。30秒で3回ツバを飲み込めることが嚥下機能の正常かどうかの目安です。

嚥下機能を評価する

嚥下反射があり、前かがみの姿勢を保持しているのにまだむせるときは、環境を調整したり、介助法を工夫する必要があります。

以下の事柄をチェックしてみてください。

❶ 義歯は合っているか？
❷ 口の中に十分な唾液が出ているか？
❸ 食塊形成（団子状に食べ物をまとめる）が十分できているか？
❹ 飲み込む力（嚥下反射）が弱いのではないか？

唾液を出す体操（唾液腺のマッサージ

親指以外の４指を頬に当て、上の奥歯のあたりを後ろから前に向かって、ゆっくり10回回す。

memo

のどに送り込む力を強くする体操

◆ パタカラ体操

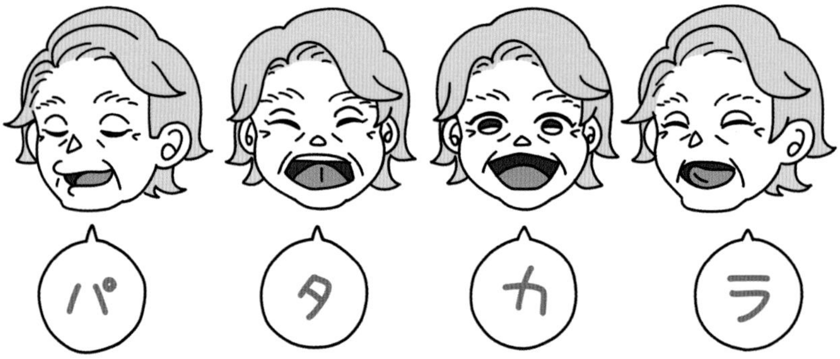

パタカラ体操は食事前に口腔機能を目覚めさせるおすすめの体操です。パ・タ・カ・ラのそれぞれの音を発声するだけで効果的です。

パ：唇をしっかり閉じ、開くことでパ音が出る。唇の筋肉（口輪筋）が活動します。

タ：舌が上前歯のすぐ後ろに位置します。食物を上あごで圧迫する動きです。

カ：舌の中腹部が上あごに位置し、食物を飲み込むときの動きです。

ラ：舌を丸めてから前方に倒す、食事前の舌の準備体操といえます

◆ 舌体操

❶ 舌を口から出し、下方に伸ばす

声かけ「ベロをべーっと出しましょう。顎につくぐらい伸ばしましょう」

❷ 舌を口から出し、上方に伸ばす

声かけ「ベロを上に伸ばしましょう。鼻の頭をなめられますか？」

❸ 舌を口から出し、唇をなめるように回します

声かけ「ベロで唇をなめるようにぐるぐる回しましょう」

舌をしっかり動かすことで咀嚼・嚥下のよい準備体操になります。特に食べにくい人、むせやすい人には食事前の日課として体操の時間をとりましょう。

食事する

箸をあきらめない！

食べるのが遅いから、食べこぼしが多いからと、つい介助していませんか。なんでも「してあげる」介助は、利用者のできることをどんどん損なわせてしまいます。

▶解説YouTube

安易に食事介助していませんか

memo

マヒや震え、関節の可動域制限などがあると、箸をあきらめたり、介護スタッフが介助してしまっていませんか。利用者の症状や身体の動きに合わせた食事スタイルを考えていきましょう。

◆ ブルンストロームの回復ステージ

脳血管障害の後遺症のマヒの回復段階をブルンストロームステージと呼びます。臨床的には6段階で細かく表されますが、ここでは適切な食事動作を考える目安として紹介します。

ステージ1	筋肉が弛緩してまったく動かせない状態。マヒしていない側の手を使います。
ステージ2	何かの拍子で勝手に動く「連合反応」が見られますが、実用的に手を使える状態ではありません。ステージ1と同じく、マヒしていない側の手を使います。
ステージ3	実用的ではない運動がみられます。マヒした腕を曲げようとすると手指・肘が曲がり、脇が開くというふうに関節全部が動いてしまいます（共同運動）。食事の対応はステージ1と同じです。
ステージ4	個々の関節を分離して動かせる段階（分離運動）。腕を前に上げるなど、ステージ3から少し脱した動きが可能。箸は難しいものの、コップやスプーンを持つなど簡単な動作はチャレンジしてみるとよいでしょう。
ステージ5	多種類の細やかな運動ができます（分離運動）。上肢を頭上に上げたり、じゃんけんのチョキができるなど。マヒ側の手を使って箸を使ったり、ピンセット型箸など福祉用具も試してみるとよいでしょう。ただ、集中力が必要なため短時間にするなど配慮が必要です。
ステージ6	正常に近い動作ができます。上肢・手指のステージが5以上であれば、マヒ側の手を積極的に使っていきましょう。手指を使うことは脳機能を活性化するよい手段です。字を書く、食事をするなど無理のない範囲で動作を促していきましょう。

福祉用具は進化している

福祉用具は進化し、日々改良されています。アンテナを張り巡らせて、利用者の生活に役立つ情報を取り入れていきましょう。

◆ ピンセット型箸

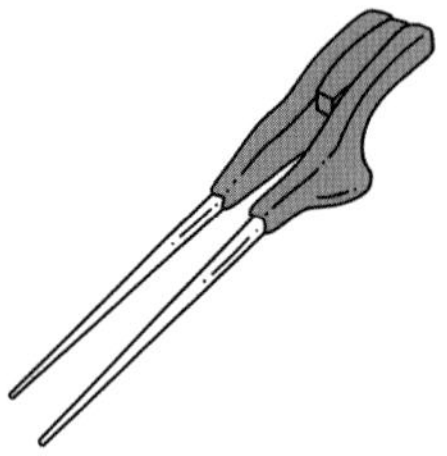

マヒで不自由になったらすぐスプーンにしてしまう前に、ピンセット型箸をまず試してみてください。２本がくっついているので、握る、開くといった単純な動作で箸を使った食事が可能です。

◆ 箸につける補助クリップ

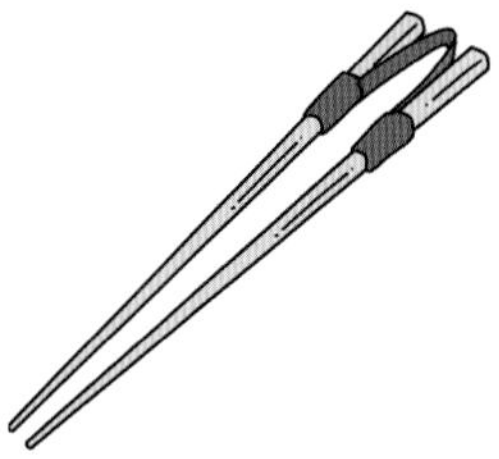

箸に補助クリップをつけることでピンセット型箸にすることができます。使い慣れた箸を使って食事ができるのがいいところ。

◆ 曲げられて握りやすいスプーン・フォーク

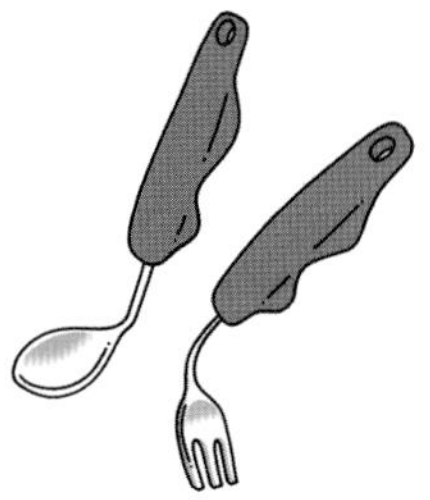

自由自在にスプーンの先を手で曲げることができます。リウマチなど関節が動きにくい場合、食べ物を口まで運びやすくなります。

◆ 返し付きの食器

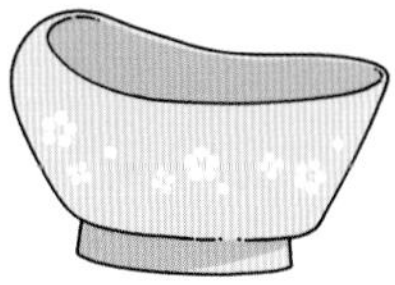

こぼしやすい人も、返し付き食器を使うとヘリが立ち上がっているのでスプーンですくいやすく、最後まで食べることができます。

自分で食べられる環境づくり

▶解説YouTube

自分で食べられるよう福祉用具を検討すると同時に、食事の環境についても考えてみましょう。
特にテーブルと椅子が合っていないと食事動作は困難になります。

memo

テーブルはおへその高さ

既成のテーブルの高さは、だいたい70㎝です。介護職が介助するにはちょうどよい高さでも、小柄な利用者にはどうでしょうか？高齢者施設の女性利用者は小柄な人が多く、人によってはテーブルがほとんど顔の位置にあったりします。テーブルが高いと、スプーンですくう動作だけでなく、皿の中を見ることも難しくなります。これでは、いくら福祉用具を工夫しても自分で食べることはできません。一人ひとりの体格に合ったテーブルの高さを工夫してください。

食べやすいテーブルの高さは、大体おへその位置あたりです。65 cm くらいがぴったりという人が多いようです。

椅子は腓骨頭の高さを目安に

既成の椅子の高さはだいたい40cmです。小柄な人には高すぎて、足が浮いてしまって、姿勢を安定させることができません。

椅子の高さは、利用者の腓骨頭（膝の外側の飛び出した部分）に合わせてください。足底がしっかり床面について安定した座位をとることができます。

こんな食事はNO！

× 職員が立ったまま介助

× テーブルが高く顎があがる

× 車いすのアームサポートがテーブルに当たって食事がしにくい

× 椅子が高く足が床につかない

食事する

口腔内の清潔だけが口腔ケアではない

口腔ケアを怠ると、誤嚥性肺炎を引き起こすこともあるため、全身状態を良好に保つための口腔ケアは欠かせません。

memo

口腔ケアと口腔機能

ポイントは、単に口腔内を清潔にするだけではなく、口腔機能をしっかり使った生活ができているかということです。

◆ **観察のポイント**

❶ ちゃんと食べているか？
❷ ちゃんと話せているか？
❸ ちゃんと笑えているか？

歌うことも口腔ケア！

失語症の人は話せないので口を動かす機会が少なく、舌も動かさないので、口腔ケアが特に大切です。失語症の利用者に関わったことがある人はよく知っていると思いますが、話せない失語症の人も歌は歌えるという人は少なくありません。左脳の言語野に障害があっても、メロディーと歌詞は右脳に保存されているからです。

口を動かさないでいると、口腔内が汚れてしまいますが、歌って口を活発に動かしていれば、それだけで特別な口腔ケアが不要ということも多いのです。

口腔機能が向上する生活場面を増やそう

全身の状態を保つために大切な口腔ケア。ブラッシングのほかにどんな方法があるのか考えてみましょう。「え、これも口腔ケア？」と思うことがたくさんありますね。

◆ 楽しく会話すること

季節のこと、ニュース、思い出話などおしゃべりタイムはありますか？ 忙しい業務でこの時間がなくなっていたら要注意です！

◆ 大笑いすること

会話が弾んで大笑い。顔はほころび、横隔膜が大きく動いて呼吸も深くなります。

◆ 歌うこと

唇や舌をたくさん動かします。呼吸も深くなり、なつかしい歌で思い出もよみがえります。

◆ よくかんで食べること

よく噛むことで顔面の筋肉が総動員されます。おいしく食べている人は元気！

排泄する

しくみ

「うんちしたいな」と思ったとき、あなたの体内では、便意と排便反射という生理現象が起きています。ここでは排便について詳しくみていきます。

▶解説YouTube

排泄の生理現象を知ろう

memo

便　　意：直腸に便が送り込まれ直腸から脳に信号が送られる「排便したい」という信号

排便反射：直腸に便が送り込まれた内圧で脊髄レベルに反射が起こり便を出そうとする反射

01　便意とは

「うんちしたい！」と言える人は便意がわかる人です。この「うんちしたい！」は排便の大きなチャンス。「ちょっと待って」などと言わず、すぐトイレにお連れしましょう！　これを「排便最優先の原則」と言います。排便のゴールデンタイムは朝食後が多いものの、実は「したいとき」に勝るグッドタイミングはありません。

02　排便反射

直腸に便が送り込まれてからの大脳と直腸のやりとりは、こんな感じです。

直腸「便がきました〜　出していいですか〜？」（便意）

大脳「今はトイレにいないので、待って！」

⬇

直腸「トイレに座ったので出します」

大脳「よし、排泄許可を与える」

（肛門括約筋を緩め排便が遂行される）

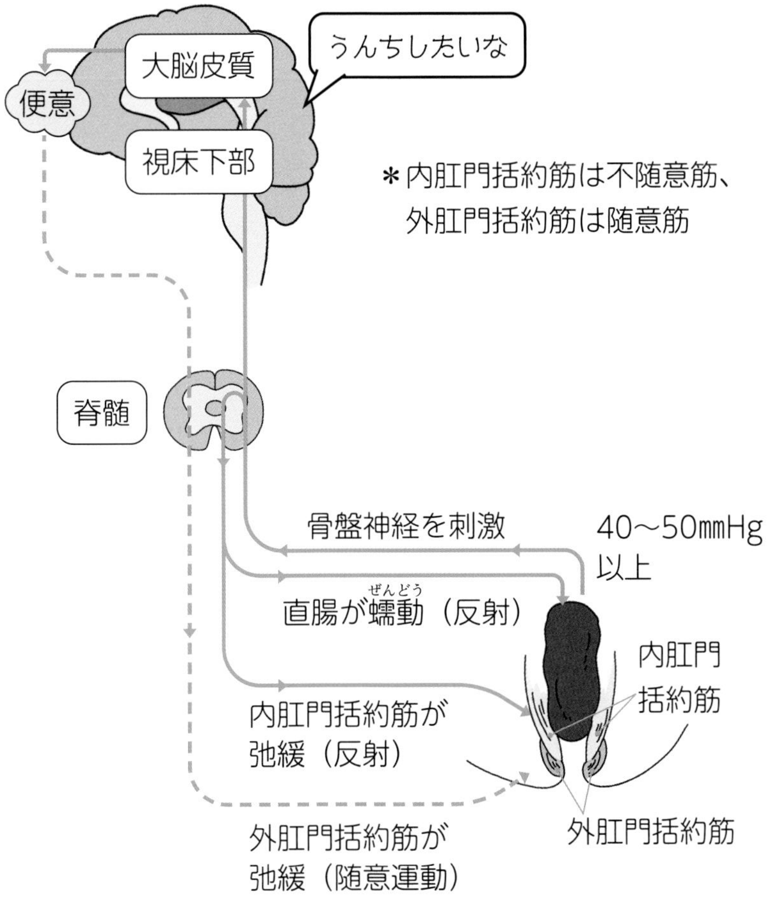

リハ★タツポイント⑦

排便のベストタイミングはいつか？

新人さんには考えてもらいましょう。そうすると「食後」「運動後」「朝の起床後」など、さまざまな答えが出るでしょう。しかし正しいベストタイミングは、「したいとき」です。前述した生理学にもふれながら、「したいときには何をおいてもトイレに座ってもらおう！」という「排泄最優先の原則」をチームで確認します。

そして、前かがみの座位姿勢を保つための環境設定についても伝え、利用者が使っているトイレの環境が本当にその人に合っているか確認します。改善できる点はあるか、福祉用具の導入なども検討してみましょう。

排便に適した姿勢

直腸と肛門のなす角度（直腸－肛門角）によって、排便のしやすさが変わります。排便に適した姿勢は坐骨座りで、前かがみの姿勢です。坐骨座りは直腸と肛門の角度が鈍角になるので、重力の法則で便が出やすくなります。さらに、足を床につけて前かがみになることで腹筋を使っていきむことができます。

memo

前かがみの座位（坐骨座り）

直腸と肛門の角度が鈍角（135°）となり重力の法則にしたがって、便は出やすくなる。足が床について腹筋を使っていきむことができる。

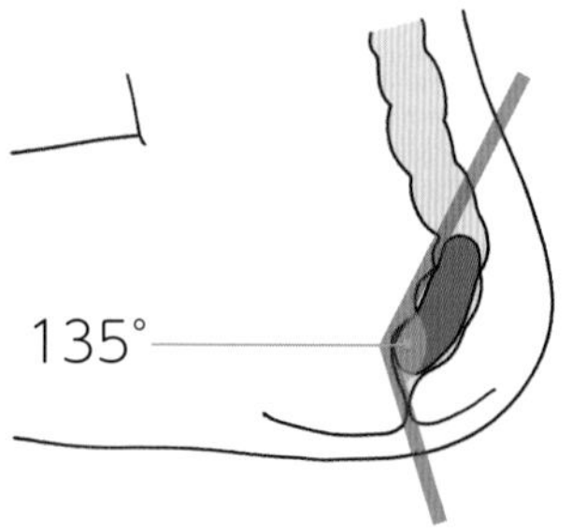

仰臥位

直腸と肛門の角度が直角となり、折れ曲がっている状態。非常に便が通過しにくい角度となっている。

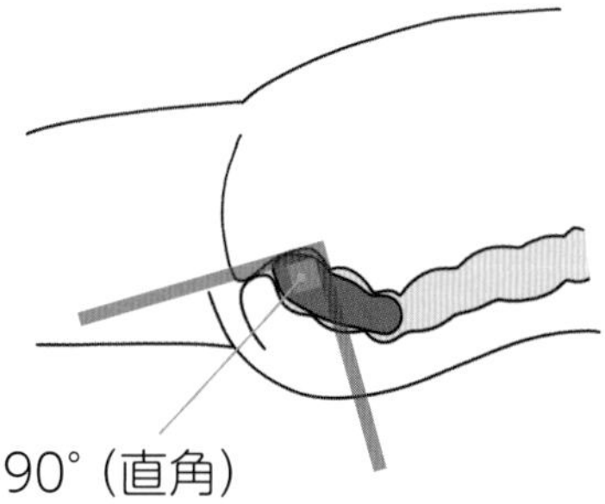

アセスメント

排泄ケアはトイレで始まるのではありません。日課の中でいかに基本の動作を大切に過ごしているかで決まります。

姿勢をアセスメントする

排泄時に直腸－肛門角ができるだけ緩やかになる姿勢がとれているかをアセスメントします。仰臥位や仙骨座りの状態ではこの角度が緩やかではありません。

環境をアセスメントする

排泄は本人のアセスメントだけでなく、環境のアセスメントも大切です。正しい姿勢で排便ができるように、手すりや前かがみ姿勢を支えるテーブル類、便座の高さの調整などが整っているかを確認しましょう。

排便の3つの力が使えるかアセスメントする

以下の「排便の３つの力」

❶ **腹圧**：いきむ・ふんばる力
❷ **直腸の収縮力**：意思とは関係なく出る便を押し出す反射の力
❸ **重力**：便を下に落とす自然の力

が使える環境になっているかをチェックします。

排泄の姿勢を整える

排便しやすい姿勢は、前かがみで肛門が真下を向いている状態です。道具の力も借りながら姿勢を整えましょう。

memo

床に足をつける工夫

排便には、直腸の収縮力・重力・腹圧を使うことが大切です。そのためには、便器の高さが大きく影響します。施設の便器の高さを確認してみてください。

平均的な椅子と同じ 40 cm から高いものでは 45cmくらいまで、さまざまですが、小柄な人に 45 cm は高すぎます。足が床についていない状態ではいきむことができないので、十分に腹圧をかけることができません。

そういう場合は足台を用意して、しっかりふんばれる姿勢づくりを工夫しましょう。木製の手づくりの足台などを用意している施設もありますが、手軽なのは牛乳パックでの工作です。牛乳パックに新聞紙を詰めて補強し、必要な面積になるように布ガムテープでつなぎ合わせるだけで簡単に足台をつくることができます。

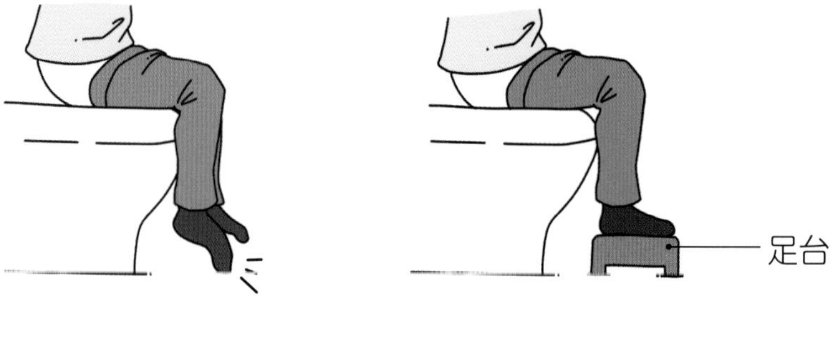

福祉用具を活用する

便座が固くて長い時間座ることができない、リウマチなどの関節疾患があって立ち座りが難しいという人には、福祉用具を試してみましょう。

補高便座で便座を高くすれば、膝を無理に曲げなくても座ることができます。また、お尻が痛くなりにくい柔らかい素材でできたソフト便座もあります。利用者の状態に合わせて使いましょう。

身体をあずけることで姿勢を安定させる

身体をあずけられるようにすることで姿勢が安定する環境設定ができます。

FUN《ファン》レストテーブル©

しっかり身体をあずけて前かがみの姿勢をとるための福祉用具です。
中腰の姿勢が安定するので、衣服の上げ下ろしや移乗動作も安全に行うことができます。
前腕をしっかりテーブルにのせることが姿勢を安定させるポイントです。

こんなアイデアも！

小学校の古い机をもらって使っている施設もあります。
小学校の学習机は高さ調節が可能。使う人の体格に合わせて前屈みがしやすい高さにします。

排泄する

坐骨座りは最初の排泄ケア

脳が活動しているときの姿勢である坐骨座りは、こんなときにも非常に有効な姿勢なのです。

坐骨座りで脳機能が活発に

memo

姿勢は脳の活動に大きく影響を与えます。安楽椅子にもたれ、ぼ〜っとしているときは身も心もリラックスしているので脳も休んでいます。お尻を前に滑らせた「仙骨座り」はリラックスの姿勢と言えます。しかし、人が字を書いたり、本を読んだりと脳を活発に活動させるときは、前かがみの「坐骨座り」になっていることが多いはずです。

有名なロダンの「考える人」はまさに脳機能を活発化させる理想の姿勢と言えます。介護するうえでこの姿勢のメリハリを意識するのも大切です。

下剤の前に坐骨座りの排泄ケア

ロダンの考える人の姿勢(坐骨座り)は 誰もが個室でとってるポーズ、そう排泄の姿勢に似ていますね。そう考えると、ふだんの姿勢づくりが実は排泄ケアにもつながっていることがわかります。利用者に排便がないと下剤、浣腸、摘便など医療処置がすぐ始まることが多いのですが、まずは排泄しやすい姿勢づくりからはじめてみましょう。

排便のゴールデンタイム

排便には一番出やすい「ゴールデンタイム」が存在します。これを知っているかどうかで、ケアの質は大きく変わります。

排泄ケアのゴールデンタイム

排便のゴールデンタイムはいつですか？ これは前述したように「したいとき」です。これに勝る瞬間はありません。

だから「したい」という人は真っ先にトイレにお連れします。これを「排泄最優先の原則」と言いましたね。しかしトイレのタイミングがわからない人はどうしましょうか？　その場合はその人特有の「サイン」を見つけます。ウロウロ、ソワソワなどの様子がトイレのサインのことがあります。 そしてさらに、サインがない人はどうしましょうか？　その場合、食後 (特に朝食後) にトイレにお連れするのがいいでしょう。食後は胃－大腸反射が起き、大腸の蠕動運動が活発化するので排便しやすい体内環境になっているからです。

大腸性の便秘と直腸性の便秘

「便秘には、水分、食物繊維、適度な運動がいい」と言う人がいます。これは大腸性便秘の対処法です。大腸性便秘は腸管の緊張がゆるんでしまい、蠕動運動が十分行われないため、便が大腸内に長くとどまり、水分が過剰に吸収されて硬くなって起こる便秘です。一方、介護施設で起きている便秘のほとんどは直腸性便秘です。直腸性便秘とは、便が直腸に達しても筋肉である直腸が弛緩して収縮力を失ってしまって排便反射が起こらず、直腸に便が停滞して起こる便秘です。水分や食物繊維の摂取では改善されません。直腸性便秘の一番の改善法は、「したいとき」に排便できる環境を常に整えることです。

排泄する

車いすから便座への移乗介助

車いすから便座に移乗する際の、基本的な介助方法を紹介します。適切な環境設定と介助方法により、気軽にトイレで排泄できる、そんな日常をつくり出すことができます。

memo

1 前かがみ、足を引く

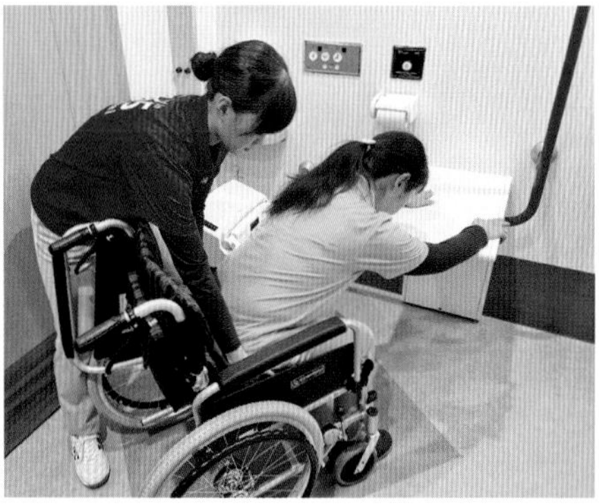

テーブルに手を置き、立ち上がりの準備姿勢をつくります。前腕をしっかりテーブルにのせることで前かがみの姿勢がとりやすくなり、立ち上がり動作がスムーズにできるようになります。

2 立位保持

立位保持が不安定な場合、介助者はお尻の大転子を支えます。バランスがとれるようにサポートします。

3 方向転換

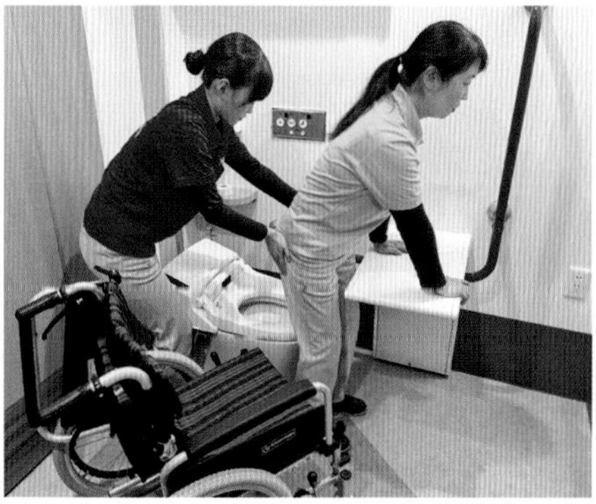

足を動かして方向転換を行います。お尻を支えてサポートし、ズボン、下着をおろします。必要があれば介助します。

4 着座動作

ゆっくり座るように前かがみの姿勢を促します。座位姿勢が安定し、排便しやすい前かがみの姿勢をサポートします。

手すりを使うポイント

▶解説YouTube

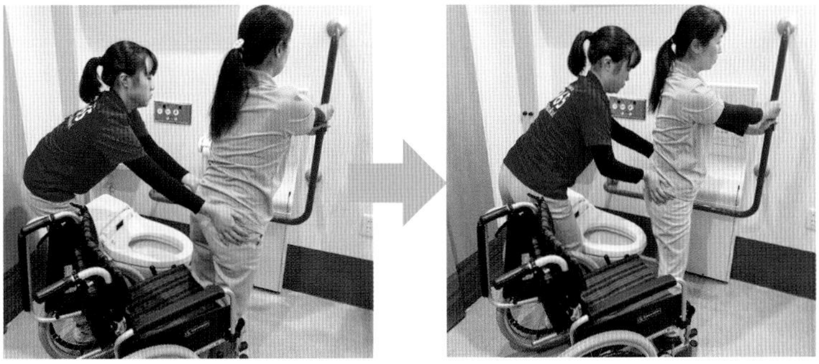

縦手すりは、立位時に両手で持つと方向転換に便利です。
立ち上がるときは、手すりの上方に手を伸ばして引っ張るように立ち上がるのではなく、L字手すりの先端部分を持って前かがみ姿勢になって立ち上がります（右の写真参照）。縦手すりは前かがみ姿勢をとりやすくするために、便座から30〜40 cm前方に設置するのがポイントです。

入浴する

しくみ

最初に、入浴介助の極意をお伝えしましょう。この極意を意識して入浴介助をするだけで、利用者はスムーズに入浴できるようになります。

▶解説YouTube

お風呂の極意①　環境設定

memo

利用者の力を発揮しながら入れるお風呂の環境として「半埋め込み式浴槽」をおすすめしています。

これは浴槽が半分埋め込まれ、浴槽縁の高さが40 cmとなる環境です。横に椅子を置くとぴったり段差のない「ツライチ」の状態がつくれます。椅子に腰かけた状態から足を浴槽に入れる動作をサポートすれば多くの要介護者（車いす使用者も）肩まで浸かる入浴が可能になります。これを座位入浴と言います。

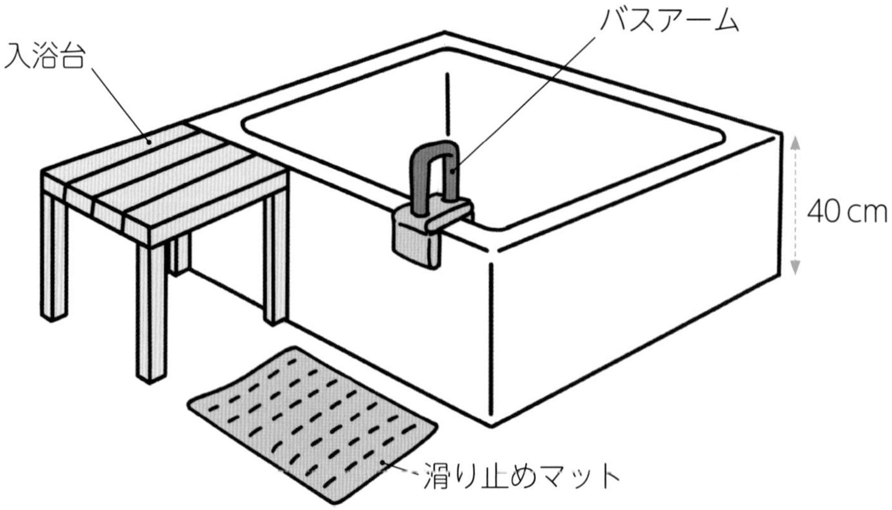

介護施設では車いす使用者はすぐに機械浴での入浴になりがちですが、本人の座位姿勢や立ち上がりの動作を大切にしている施設では、多くの利用者が座位入浴でお風呂に入ることができます。安易に選択される機械浴は人の動作を奪います。また生活習慣を奪い、生きる意欲の低下につながってしまうのです。

浴室は濡れていて滑りやすく、不安定です。福祉用具を用意することで安心して入ることができます。

お風呂の極意②　姿勢の安定

お湯の中では次の２点の工夫をすると、安定した姿勢をとることができます。

01 浴槽内に台を用意する

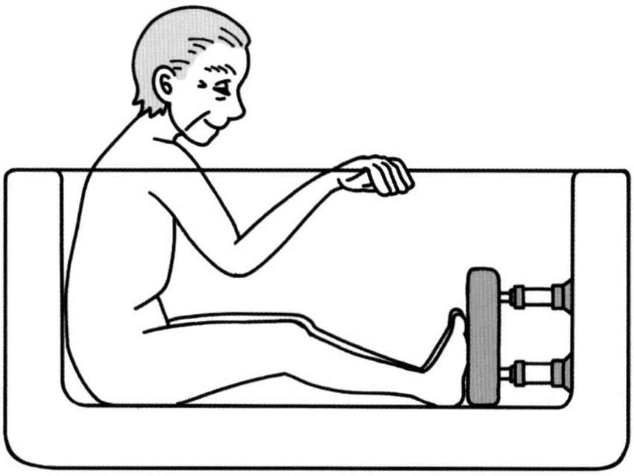

浴槽の中で足が突っ張れるように足台を横にして入れるなどして、環境を整えます。こうすることで浴槽内での姿勢が安定し、安心して入浴してもらえます。

02 浴槽のコーナーに座る

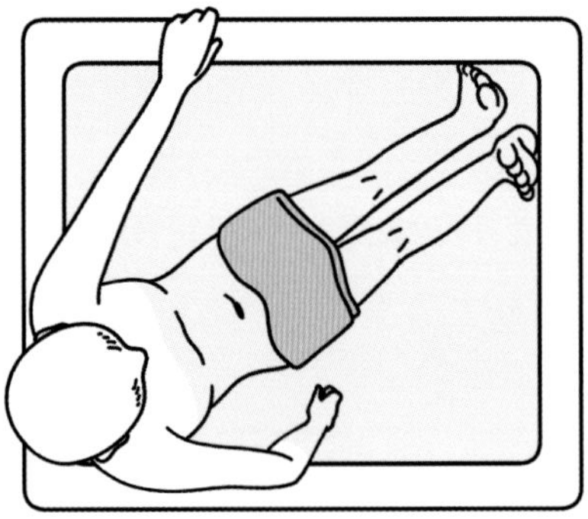

浴槽内で座る場所も大切です。浴槽のコーナー部分に座ると、安定感がグッと上がります。

memo

お風呂の極意③　入浴後の楽しみ

姿勢が安定したら、利用者とゆっくり楽しい話をしてみませんか。お風呂が楽しい時間になれば、利用者の苦手意識も和らぐはずです。

お風呂上がりにビールで乾杯をしたら、その後からまったく拒否のなくなった人がいました。ぜひ素敵な「お風呂の後のおたのしみ」を工夫してください。現場の腕の見せどころです。

入浴する

アセスメント

浴槽からの立ち上がりはふだんの立ち上がり動作とつながっています。入浴ケアはふだんの日課から始まっているのです。

▶解説YouTube

安定した入浴の条件を満たしているか

入浴には座位の保持や浴槽の出入りなどの難しい動作があります。安定した入浴のためには、利用者が浴室で以下３点を満たすことができるかどうかを確認してください。

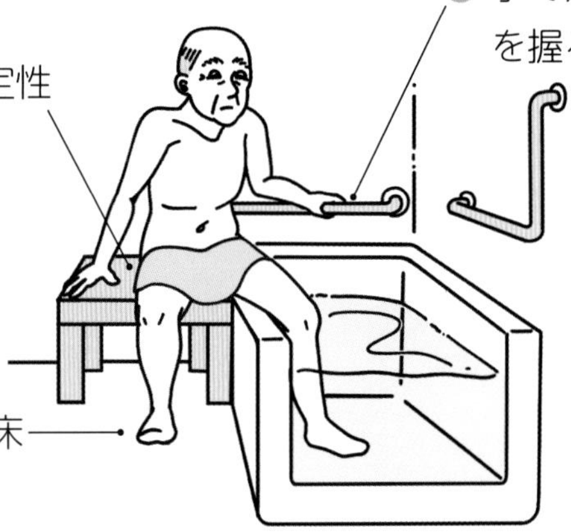

お尻、足、手の３点が安定していると、うち１点を動かせる自由度につながります。浴槽に入る・出るなど移動する際は、この３点を意識して、１点ずつ動かすようにします。たとえば、手を離してお尻も同時に浮かそうとすると、足の裏１点だけの支えしかなくなるので、利用者に恐怖心を与えてしまいます。介護職は利用者が手を動かすときは、お尻と足の裏が安定しているかを安全確認しながら見守りましょう。

背もたれのない状態で座位になることができる、椅子から容易に立ち上がることができる……、そんな日課の中の生活リハビリが大きく力を発揮するのです。

浮力は強い味方！

立ち上がりの3条件は、前かがみ・足を引く・適した椅子の高さです。浴槽内には椅子がないので「浮力」を利用します。利用できるものを最大限利用する入浴介助の達人「ふろフェッショナル」を目指しましょう！

memo

浴槽からの立ち上がり3条件を押さえよう

浴槽からの立ち上がり動作にも「立ち上がりの３条件」は有効です。ただ、浴槽では床にお尻がついているので、「③適した椅子の高さ」は該当しません。

○前かがみになる　○足を引く　×適した椅子の高さ

では、どう介助したらよいでしょうか？

浴槽から立ち上がるための３条件は以下のとおりです。

◆ 浮力はお風呂の天使

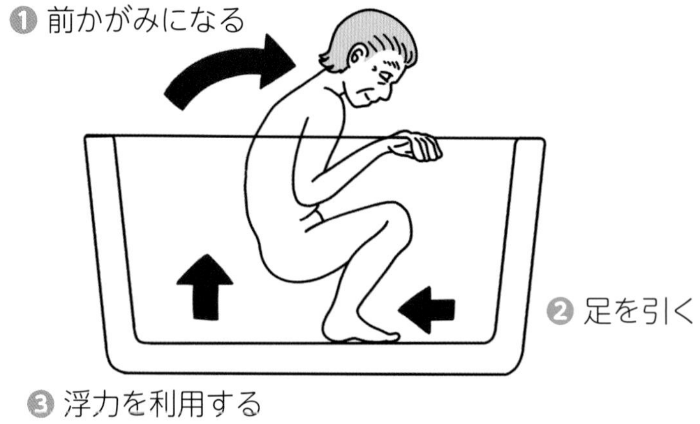

基本的な入浴介助

続いて、浴槽から立ち上がるための３条件を満たすために、
❶ バスアームを浴槽に設置（前かがみになる補助）
❷ 滑り止めマットを沈める（足を安定させる補助）
で、環境を整えます。これで「立ち上がりの３条件」のうちの２条件がサポートできます。これに加えて、
❸ 浮力を味方にする介助「骨盤を支えるパームサポート」
を実施することで、立ち上がり動作を介助します。

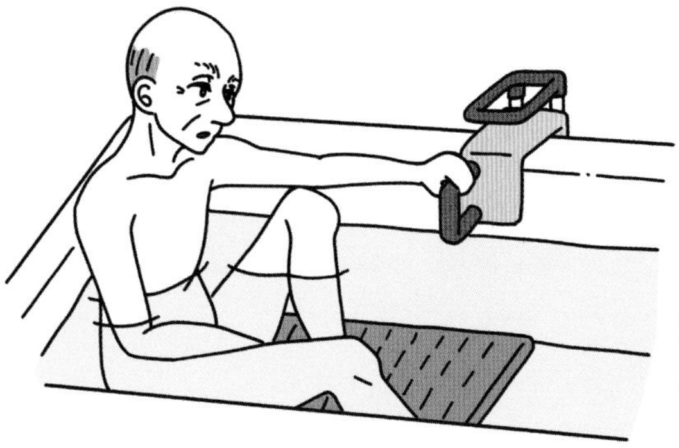

環境を整えて❶と❷の条件を満たします。

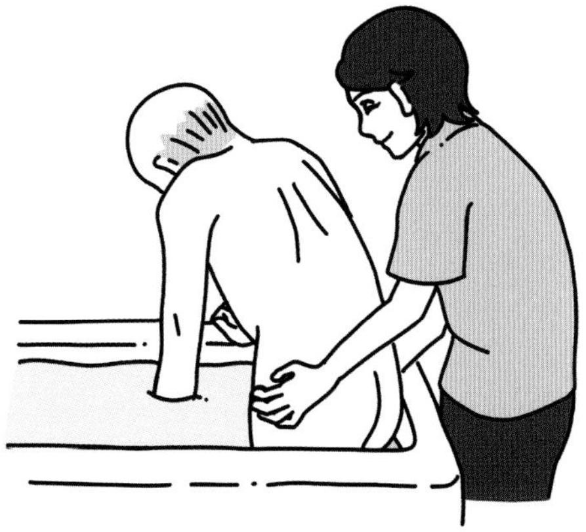

手のひらで支える❸「パームサポート」が有効です。

個別入浴のススメ

誘導、衣服の着脱、洗身などの入浴に伴う介助を分業で行う入浴介助は、一見すると効率よく思えますが、本当にそうなのでしょうか。

▶解説YouTube

memo

分業制で行う入浴介助の問題点

入浴介助を分業で行うと介助が流れ作業になるので、利用者一人ひとりとの関わりが薄くなり、利用者は自分が物のように扱われていると感じ、落ち着きません。また、分業制では、利用者の動きを一連の動作として見ることが難しいので観察があまりできず、職員の介護技術の向上も難しくなります。

個別入浴のメリット

個別対応で行う入浴介助は、最初から最後まで１人の介護職が担当する対応方法です。利用者が落ち着いて入浴でき、さらに利用者の好みやペースに合わせて介助できます。

利用者とゆっくり話せるのも個別入浴だからこそ

利用者の思わぬ本音が聞けたり、ゆっくりやさしく行うストレッチで、固くなった関節をほぐす時間もとれます。

担当になった職員は、利用者のできる動作と介助に必要な動作を細やかに知ることができるため、介護技術の向上にもつながります。

ふろフェッショナルへの道

入浴は生活動作の中で一番難しいと言われます。それは床からの立ち上がりなど動作の面、そして裸でいなければならないという心理的な面のハードルも高くなるからです。

いかに安心して入浴してもらえるか？　は、介護職の腕の見せどころ。安心の介助技術と日頃からの関係づくり。この２つが必要条件なのです。

私は安心のお風呂を提供できる職員を「ふろフェッショナル」と呼んでいます。

コラム

現場から―個別入浴のメリットは？

特養ホーム「駒場苑」（東京都目黒区）では個別入浴ケアを導入し、午前２人、午後４人と無理のないスケジュールを組むことで、一人の入浴に45分がとれているそうです。

浴槽につかってゆっくり話をする時間は特別なものですね。

そこでしか聞けない秘密の話が聞けるのも醍醐味です。また分業制で動いていたときには、利用者さんの体に「謎のアザ」ができたこともあったそうです。責任が分散して介護が雑になっていたのかもしれませんね。個別ケアではゆったりとしていて丁寧に介助ができているそうです。

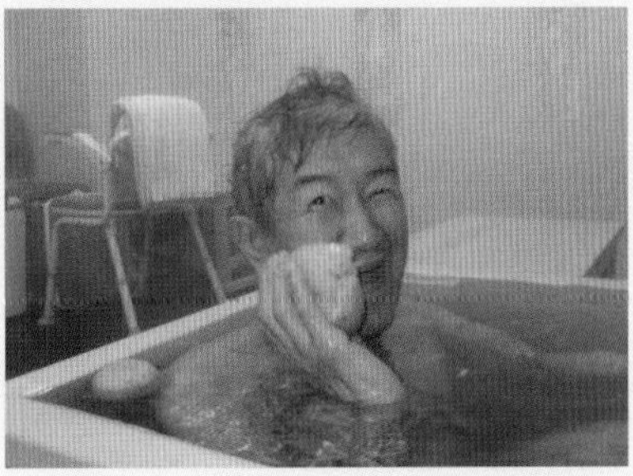

入浴拒否の利用者にはどう対応する

おそらくどの施設にも、入浴を猛烈に拒否する利用者がいるでしょう。そんな利用者が気持ちよくお風呂に入ってくれる魔法の言葉があります。

memo

よくある作戦

特にデイサービスは時間との勝負ですから、介護職も焦って強引な手を使いがちです。よくある作戦（？）を見てみましょう。

❶ **「ちょっと来てください」作戦**
お風呂と言わずに連れて行こうとする作戦

❷ **「濡れたので着替えましょう」作戦**
「服が濡れているので着替えましょう」と執拗に迫る作戦。コップのお茶などをわざとこぼすことも

❸ **「奥さんから電話ですよ」作戦**
配偶者のフリをした職員が電話口で説得する作戦

現場の苦労がしのばれます。しかし、こんなふうにごまかしていたら、利用者はどんどん疑心暗鬼になってしまいます。

では、どんな声かけが有効なのでしょうか。

おすすめは、「YES or YES」という声かけです。

魔法の声かけYES or YES

「松本さん、お風呂は熱いお湯がいいですか？　ぬるい湯がいいですか？」「わしは熱い湯じゃ！」

お風呂に入るか・入らないかを聞くのではなく、お風呂に入ることを前提に、熱い湯がいいか・ぬるい湯がいいかと聞くのです。そうすると、入ること前提で考えていただけるからフシギです。

「風呂は熱い湯に限るわい」とお答えいただいたら「湯、あっためますから、ゆっくり来てくださいよ」と足早に去ってみましょう。きっと積極的に浴室にきてくれるはずです。

これはご本人に選んでいただいているのです。熱い湯、ぬるい湯を選ぶことも主体性。介護施設のお年寄りはすべて受け身の存在にさせられてしまうことが多いので、「選ぶことができる」そんな主体性の発露を大切にしましょう。

コラム

アクアムーブ© を使用して個別入浴

個浴での入浴介助がしやすい浴室での車いす「アクアムーブ©」を使用すると、より安全で楽に入浴介助をすることができるのでオススメです。

浴槽の横に同じ高さの入浴台を置くと、浴槽の出入りがしやすいことは紹介しました。このアクアムーブは車いすのようにキャスターを転がして浴室に入り、入浴台のように浴槽の横に固定して使用することができます。

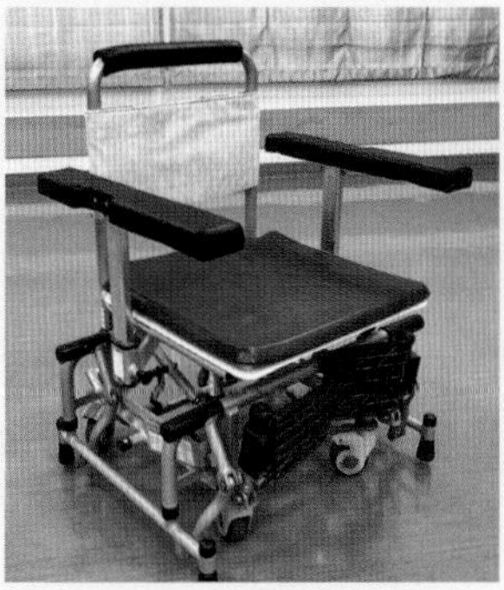
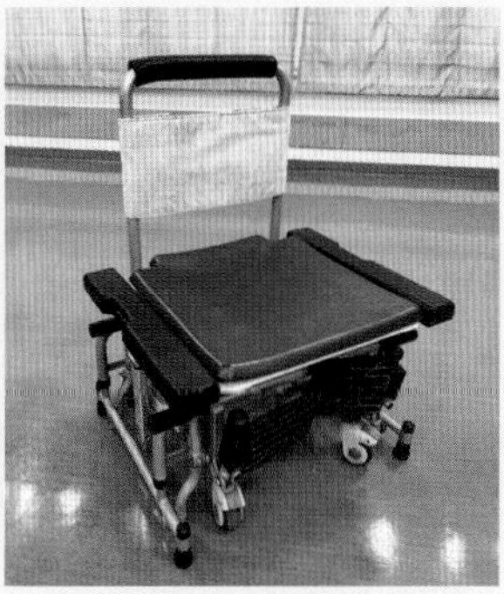

目的に合った体操を選ぶ

利用者の身体状況を知り、必要な動作を体操に盛り込んだり、遊びのなかで体づくりをするのも介護の専門性の一つです。

▶解説YouTube

生活リハビリ体操の考え方

memo

「介護の業務をこなすことに忙しくて、リハビリの時間なんてとれません！」

現場の介護職からこんなふうに言われることがあります。

確かに人手不足だったり、たくさんの業務に追われて職員が駆け回っているような介護現場が多いのが現実でしょう。その多大な業務にプラスして新しいメニューを入れたり、プログラムを追加するのは大変だと思います。だから、私の実施する生活リハビリ体操は日課の中に組み込めて、すぐにできるものをおすすめしています。

簡単に短時間でできる体操を実際にやってみたところ、「あ、これなら明日からすぐできそうです」と職員さんが話してくれました。

体操は業務のスキマ時間にちょっと笑いながらできるもの。そんなふうに考えてみてください。

一言に体操といっても姿勢を安定させるもの、食事につながるような上肢の動作、立ち上がりのため下肢を強くする体操、ちょっと失敗して思わず笑いが出るような体操などいろんな引き出しをもって実施していけるとよいと思います。

本書では座って手軽にできて、生活動作につながるそんな効果的なリハビリ体操を紹介します。これらを参考にオリジナル体操を現場でつくっていくといいと思います。ぜひみなさんが今気になっている利用者さんを体操で元気にしていってくださいね。

座ってできる腹筋体操

高齢者もやりやすい腹筋体操です。座位姿勢の改善のほか、腹筋の強化やバランスの向上が期待できます。

体操のやり方とポイント

椅子の背もたれにもたれて、勢いよく身体を起こします。このとき、手でお腹にふれておくと腹筋下部が収縮して固くなることがわかります。

オススメは10回を1～2セットですが、回数は体調に合わせて調整してください。

1 リラックスして椅子の背もたれにもたれる

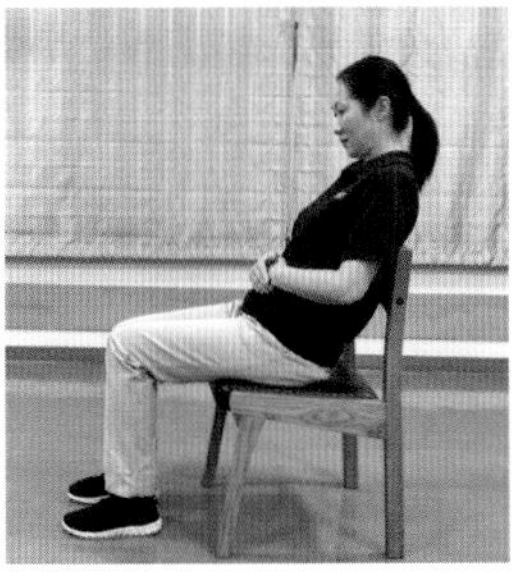

2 勢いをつけて背もたれから背中を離す

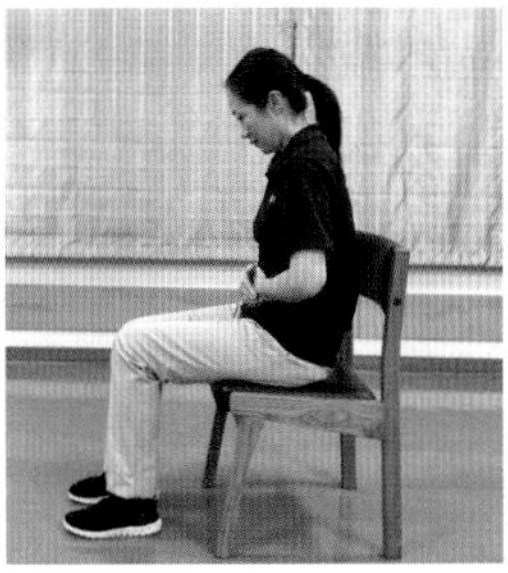

3 手をお腹に当てて腹筋が固くなっていることを確認する

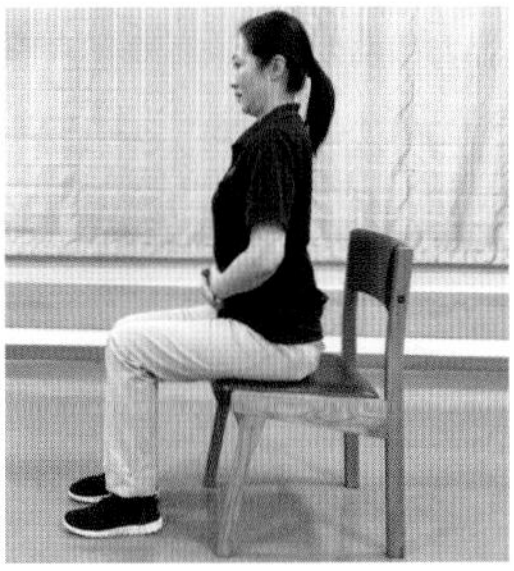

4 お辞儀をして前かがみの姿勢になる

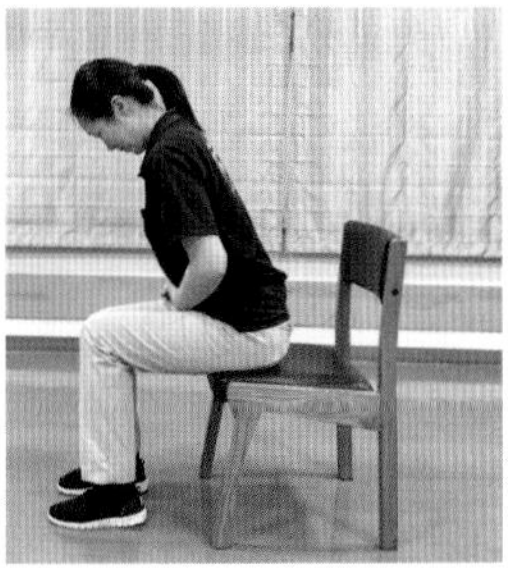

効能 ☑座位姿勢の改善　☑腹筋の強化　☑バランスの向上

舟こぎ運動

円背（猫背）姿勢の改善をはじめ、視野が広がる、内臓への圧迫緩和、肺活量強化など、さまざまな効果が期待できる体操です。

体操のやり方とポイント

memo

前方に手を突き出し、ボートのオールをこぐように腕を引き付けます。背中で左右の肩甲骨が寄ることで、背すじが伸びます。

歌を歌いながら行うと、発声・肺活量の向上にもつながります。

1 背もたれから背中を離して姿勢を整える

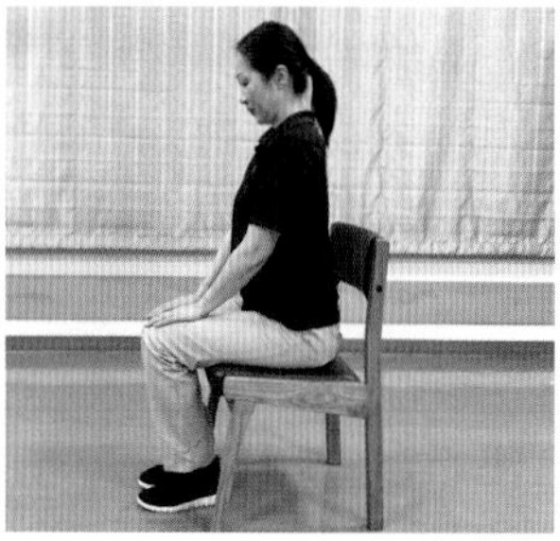

2 舟をこぐように両手を前方につきだしお辞儀の姿勢になる

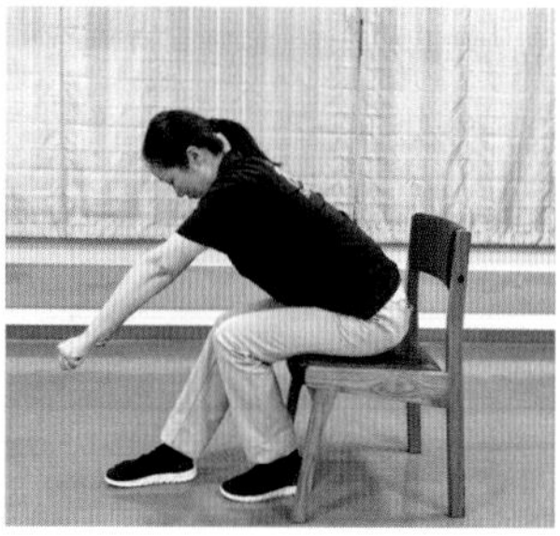

3 腕を水平にして身体は垂直に戻す

4 腕を引き寄せて肩甲骨を背中で近づけることを意識する

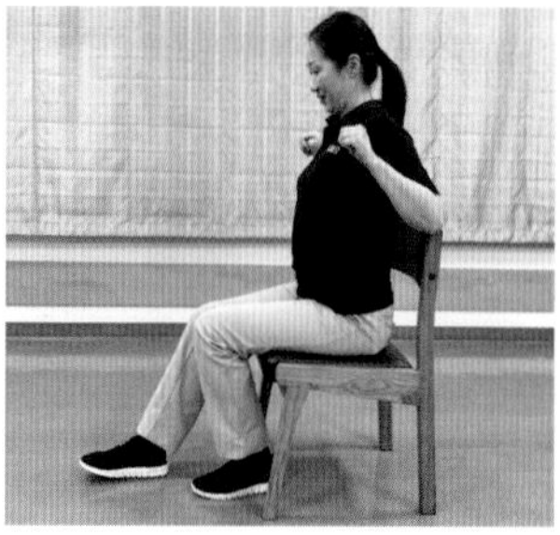

効能

- ☑ 円背（猫背）姿勢の改善
- ☑ 視野が広がる
- ☑ 内蔵への圧迫緩和
- ☑ 肺活量強化

肩関節の挙上

鼻まで届くかな体操

肩関節を柔らかくする効果的な運動です。肩関節の可動域を向上させるほか、背中や脇腹の筋肉のストレッチにもなります。

体操のやり方とポイント

頭の後ろに手を回し、反対側の耳→ほっぺた→鼻と、手を届かせるように伸ばしていきます。肩関節は左右で柔らかさが違う場合もあります。固いほうは重点的に行いましょう。目標まで手を伸ばそうとすることで自然と肩関節を柔らかくしていく運動です。

1 頭の後ろに手を伸ばす

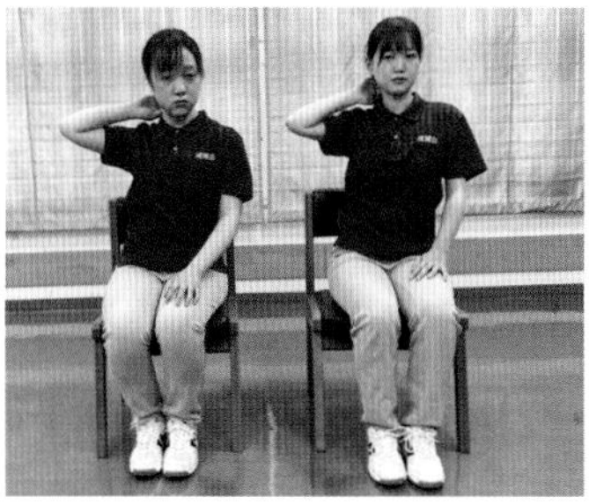

2 耳まで手を伸ばす

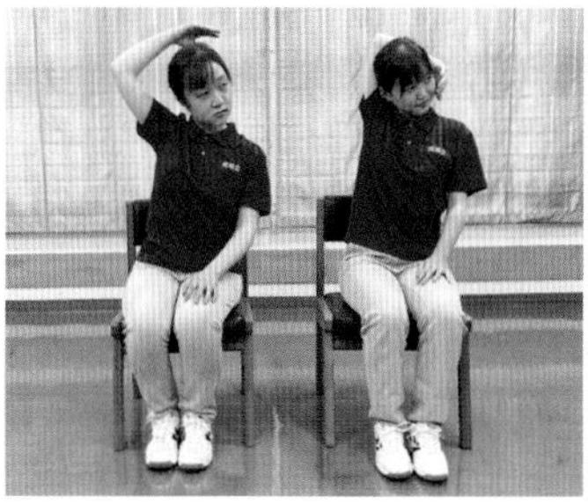

3 ほっぺたまで手を伸ばす

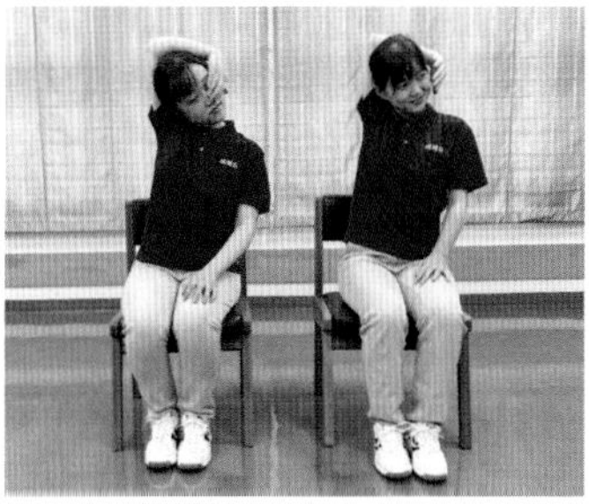

4 鼻まで手を伸ばす

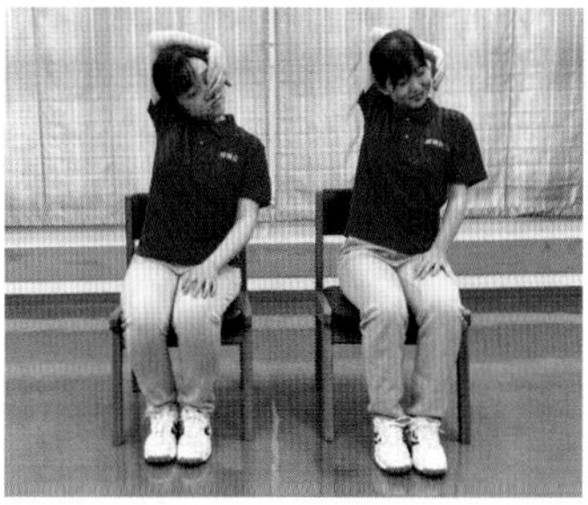

効能 ☑ 肩関節の可動域向上 ☑ 背中・脇腹の筋肉のストレッチ

転倒予防

転倒シミュレーション体操

自分が転倒しそうになる予行演習をしておくことで、いざというときに身体が反応しやすくなる体操です。転倒予防のほか、バランスの向上が期待できます。

体操のやり方とポイント

memo

椅子に座り、自分が転倒するイメージで身体を傾けます。そして素早く足を出して、転倒を食い止めます。

オススメは10回を1～2セットですが、回数は体調に合わせて調整してください。

1 身体を右に倒れそうになるまで傾ける

2 右足を大きく開いて床につく

3 身体を左に倒れそうになるまで傾ける

4 左足を大きく開いて床につく

※椅子から転落しないように注意して行ってください。

効能 ☑転倒予防　☑バランスの向上

筋力向上

全身バンザイ体操

全身でバンザイする体操です。体幹や四肢の筋力強化の他、バランスの向上、発声の強化などにも有効です。

体操のやり方とポイント

両手でバンザイをしながら、足もバンザイするつもりで上げます。慣れてきたら、その状態で静止してみましょう。お尻で身体を支えるため、とても効果的なバランス体操になります。

回数は万歳三唱のイメージで「バンザーイ、バンザーイ、バンザーイ」と3回元気に声を出して行います。このとき、椅子からの転落に注意してください。

1 両手をあげてバンサイ！ 背もたれに背中をあずけて背すじを伸ばす

2 両手両足でバンザイをする。背もたれから背中が離れてお尻だけでバランスをとる

効能 ☑体幹や四肢の筋力強化 ☑バランスの向上 ☑発声の強化

▶解説YouTube

【認知症コラム③】
大間違いの認知症ケア

「施設内での物のやりとり禁止です」

そんな貼り紙は寂しいと思いませんか。ヒトは交換する生き物なのですから。

「ぜひ交換を日課の中で当たり前にしてください」

というと

「交換をフリーにしたら収拾がつきませんよ！」

という現場の声をいただくことがあります。

糖尿病で甘いもの禁止の人が大量のおまんじゅうをもらったり、一万円を貸した・借りてないと言い争いになったり……。そうなると目も当てられない、というわけです。

ごもっともな話ですが、おまんじゅうやお金だとトラブってしまう場合でも、あきらめずに探してみてください。交換できるものは何かないでしょうか？

たとえば、その人の「知識」や「経験」をいただくことはできないでしょうか？

料理の包丁さばき、歌や楽器、裁縫や季節行事、自営業だった人の専門的知識、畑仕事、大工仕事……。

その人の人生経験から培われた知識や技術をありがたく頂戴して、「おおきに、ありがとう」の返礼をする。そうすれば無理なく「交換の輪」の中に、その人を招き入れることができます。

こうして交換の輪の中に入り、相手の役に立っていると実感ができると、認知症の「問題行動」と言われる行動が落ち着くことがあります。ぜひ試してみてください。

参考資料

生活リハビリに福祉用具を活かす

福祉用具

生活リハビリで活躍する福祉用具

福祉用具は日々進化しています。すべて機械に頼ってしまうのではなく 利用者の動作を引き出したり、生活空間を広げる福祉用具もあります。紹介したものに限らず、いろいろな福祉用具を試してみてください。

▶解説YouTube

01 トライメイト©（床まで降りる車いす）

手動（または電動）の座席昇降型車いす。レバーを握ると、座面が床まで降りるので、布団やこたつを中心とした和式の生活を守ることができます。

▶解説YouTube

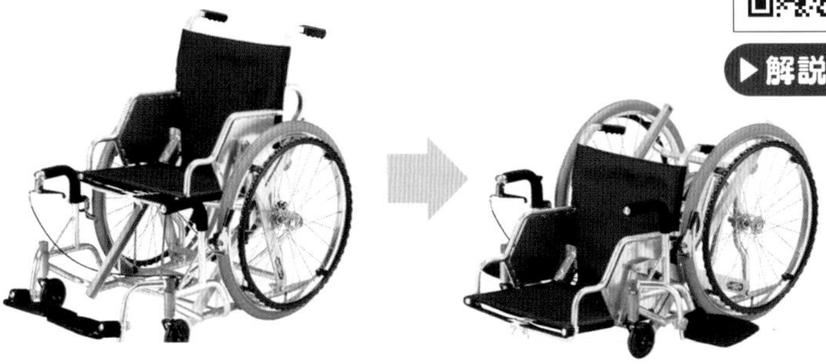

02 のりすけさん©（トイレにも行きやすい車いす）

座面が折りたためるタイプの車いす。身体のひねりや向きかえりをせず、簡単に乗り降りすることができます。特にトイレの移乗がしやすくて便利です。

▶解説YouTube

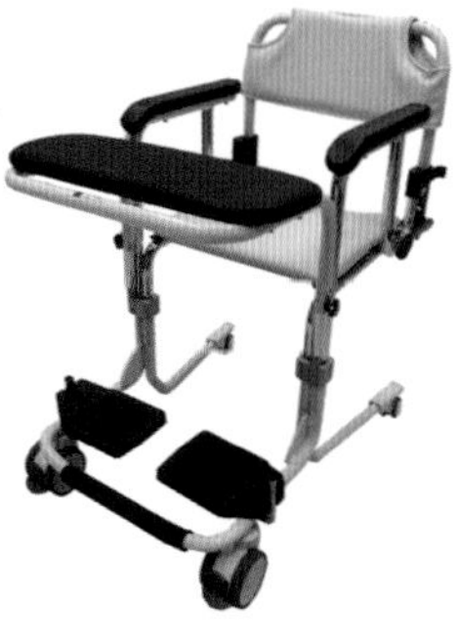

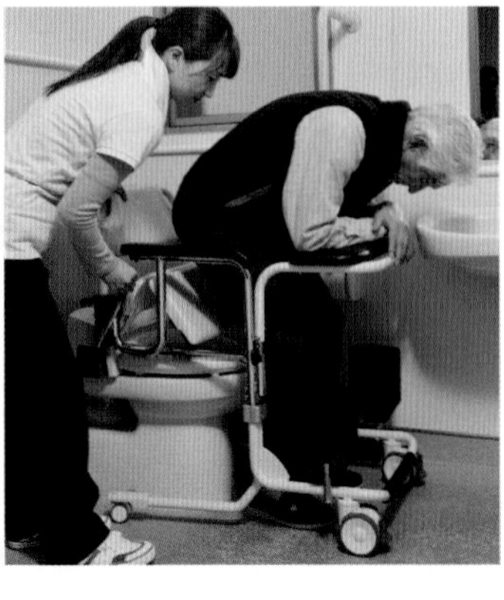

03 ティルト式車いす

ティルト式車いすとは座面全体が後ろに傾く車いすのこと。お尻や太ももにかかる体重を背中や腰に分散させることができるのが特徴です。リクライニング車いすはベッドと同じように身体が寝てしまいますが、ティルト式車いすは座位姿勢をキープしたまま傾けることができるので、使い方を工夫することで大きなリハビリ効果が期待できます。

04 ひざたっちC回転式©とスライドボード

持ち上げたり、抱えたりすると介助者の腰の負担が大きくなります。ひざたっちC回転式©とスライドボードのコンビは持ち上げない介護を実施する上で強い味方になります。使用するには前かがみの座位姿勢が安定していることが条件となります。ふだんから座位姿勢を大切に介護しているかがポイントになってきます。

▶解説YouTube

参考文献

・大田仁史・三好春樹編：『完全図解 新しい介護 全面改訂版』講談社（2014）

・高口光子：『仕事としての老人ケアの気合』医歯薬出版株式会社（2002）

・松本健史：『自立支援・重度化防止のための介護技術－おはよう 21　2019 年 4 月号増刊』中央法規出版（2019）

・生活介護研究所：『介護職人スーパーテキスト』オフィスエム（2003）

・三好春樹：『関係障害論 新装版』雲母書房（2018）

・ユヴァル・ノア・ハラリ著、柴田裕之翻訳：『サピエンス全史』河出書房新社（2016）

著者：松本健史（まつもと·たけふみ）

写真：野田明宏

1972 年大阪府生まれ。合同会社松本リハビリ研究所所長。

理学療法士。佛教大学大学院社会福祉学修士課程修了。専門は生活期リハビリテーション。1997 年関西大学法学部政治学科卒業。

2000 年九州リハビリテーション大学校卒業後、熊本機能病院勤務。

2004 年 NPO 法人丹後福祉応援団勤務。2014 年合同会社松本リハビリ研究所設立。「介護は工夫の宝箱！」が持論。

主な著書に『転倒予防のすべてがわかる本』（講談社）、『生活リハビリ術』(ブリコラージュ)、『認知症介護「その関わり方、間違いです！」』（関西看護出版）、『認知症利用者・中重度利用者生活機能訓練』（日総研）などがある。

HP：松本リハビリ研究所　matumomo.net

Special thanks

- 撮影協力：特養ホーム 誠和園
- 撮　　影：村上廣夫
- 写真提供：特養ホーム 駒場苑／矢崎化工株式会社／イデアライフケア株式会社 / 日進医療機器株式会社

モデルを演じてくださった
誠和園スタッフの皆さん

生活リハビリの達人になろう！
動画と連動！　チームでスキルアップ！

発行日　　2022年9月25日　初版第一刷

著　者　　松本健史
発　行　　ブリコラージュ
〒171-0021　東京都豊島区西池袋5-26-15 久保田ビル2F　七七舎
TEL 03-5986-1777　FAX 03-5986-1776
http://www.nanasha.net/
発　売　　全国コミュニティライフサポートセンター
〒981-0932　宮城県仙台市青葉区木町16-30　シンエイ木町ビル1F
TEL 022-727-8730　FAX 022-727-8737
http://www.clc-japan.com/

表紙デザイン：石原雅彦　　イラスト：後藤綾音
ISBN978-4-907946-36-4